# 小罐茶

# 杜国楹

杨 越——著　　　　陈 润——主编

团结出版社
UNITY PRESS

图书在版编目（CIP）数据

小罐茶杜国楹 / 杨越著 . -- 北京 : 团结出版社 ,2022.12

ISBN 978-7-5126-9822-2

Ⅰ . ①小… Ⅱ . ①杨… Ⅲ . ①杜国楹—事迹 Ⅳ .
① K825.38

中国版本图书馆 CIP 数据核字 (2022) 第 207323 号

出　版：团结出版社
（北京市东城区东皇城根南街84号　邮编：100006）
电　话：（010）65228880 65244790
网　址：http://www.tjpress.com
E-mail：zb65244790@vip.163.com
经　销：全国新华书店
印　装：三河市华东印刷有限公司

开　本：145mm × 210mm　32开
印　张：8
字　数：200千字
版　次：2022年12月第1版
印　次：2022年12月第1次印刷

书　号：978-7-5126-9822-2
定　价：59.00元

# 丛书序

## 为标杆企业立传塑魂

在我们一生中，总会遇到那么一个人，用自己的智慧之光、精神之光，点亮我们的人生之路。

我从事企业传记写作、出版15年，采访过几百位企业家，每次访谈我通常会问两个问题："你受谁的影响最大？哪本书令你受益匪浅？"

绝大多数企业家给出的答案，都是某个著名企业家及其传记作品令他终身受益，改变命运。

商业改变世界，传记启迪人生。可以说，企业家都深受前辈企业家传记的影响，他们以偶像为标杆，完成自我认知、自我突破、自我进化，在对标中寻找坐标，在蜕变中加速成长。

人们常说，选择比努力更重要，而选择正确与否取决于认知。决定人生命运的关键选择就那么几次，大多数人不具备做出关键抉择的正确认知，然后要花很多年为当初的错误决定买单。对于创业者、管理者来说，阅读成功企业家传记是形成方法论、构建学习力、完成认知跃迁的最佳捷径，越早越好。

无论个人还是企业，不同的个体、组织有不同的基因和命运。对于个人来说，要有思想、灵魂，才能活得明白，获得成功。对于企业而言，要有愿景、使命、价值观，才能做大做强，基业长青。

世间万物，皆有“灵魂”。每个企业出生时都有初心和梦想，但发展壮大以后就容易被忽视。

企业的灵魂人物是创始人，他给企业创造的最大财富是企业家精神。

管理的核心是管理愿景、使命、价值观，我们通常概括为企业文化。

有远见的企业家重视“灵魂”，其中效率最高、成本最低的方式是写作企业家传记和企业史，企业家传记可以重塑企业家精神，企业史可以提炼企业文化。以史为鉴，回顾和总结历史，是为了创造新的历史。

“立德、立功、立言”，这是儒家追求，也是人生大道。

在过去10余年间，我所创办的润商文化秉承“以史明道，以道润商”的使命，汇聚一大批专家学者、财经作家、媒体精英，专注于企业传记定制出版和传播服务，为标杆企业立传塑魂。我们为华润、招商局、通用技术、美的、阿里巴巴、用友、卓尔、光威等数十家著名企业提供企业史、企业家传记的创作与出版定制服务。我们还策划出版了全球商业史系列、世界财富家族系列、中国著名企业家传记系列等100多部具有影响力的图书作品，畅销中国（含港澳台地区）及日本、韩国等海外市场，堪称最了解中国本土企业实践和理论体系、精神文化的知识服务机构之一。

出于重塑企业家精神、构建商业文明的专业精神和时代使命，2019年初，润商文化与团结出版社、曙光书阁强强联手，共同启动“中国著名企业家传记”丛书、“世界著名企业家传记”丛书的学术研究和出版工程。三年来，为了持续打造高标准、高品质的精品图书，我们邀请业内知名财经作家组建创作团队，进行专题研究和写作，陆续出版了任正非、段永平、马云、雷军、董明珠、王兴、钟睒睒、张一鸣、王卫等著名企业家的19部传记、经管类图书，面世以后深受读者欢迎，一版再版。

2022年底，我们将陆续推出《长城汽车魏建军》《小罐茶杜国楹》《科大讯飞刘庆峰》《链家左晖》《大疆无人机汪滔》《五星控股汪建国》《大道无形：段永平的49个投资金句》等重磅作品，通过对这些企业家的成长经历和创业心路的叙述、梳理与总结，为读者拆解普通人的成事密码，提供精神养分与奋斗能量。当然，我们还会聚焦更多优秀企业家，为企业家立言，为企业立命，为中国商业立标杆。

一直以来，我们致力于为有思想的企业提升价值，为有价值的企业传播思想。作为中国商业观察者、记录者、传播者，我们将聚焦于更多标杆企业、行业龙头、区域领导品牌、高成长型创新公司等有价值的企业，将“中国著名企业家传记”丛书不断完善，重塑企业家精神，传播企业品牌价值，推动中国商业进步。

通过“中国著名企业家传记”丛书的研究创作和出版工程，我们意在为更多企业家、创业者、管理者提供前行的智慧和力量，为读者在喧嚣浮华的时代打开一扇希望之窗：

在这个美好时代，每个人都可以通过奋斗和努力，成为想成为的那个自己。

“中国著名企业家传记”丛书主编

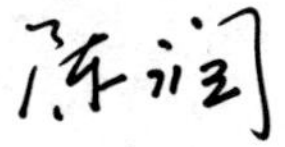

2022年11月8日

# 序 言

2021 年 6 月 20 号，一篇题为《小罐茶 九岁了》的文章在杜国楹的微信公众号上发表了。发这篇文章的时候，距离小罐茶第一支寻茶队伍正式进山刚好九年。身为小罐茶创始人的杜国楹有些感慨，这是他创业以来首次和一个品牌相守了近十年的时间。

在创立小罐茶之前，很多人对杜国楹的印象还停留在创业家上面。有人以他为榜样，称他为“营销鬼才”；有人觉得自己被他收割了“智商税”，称他为“忽悠头子”。对于自身存在的争议，以及被长久地贴着“营销”的标签这件事，杜国楹很少在媒体面前做正面回应。他只是在采访中反复强调：“产品永远是1，营销永远是0。没有好的产品，营销策略再高明也没有用。”

综观杜国楹的创业史，二十几年来，这个男人始终对创业有着说不清的狂热。敏锐的商业感知力、对消费者心理的精准把握，以及经过实践检验的营销策略，不仅是他创业路上的助力，也让人们在他所创造的五大经典营销案例中，看到了一个深谙人性的营销大师形象。

在小罐茶创立的第十年，这本以这位颇具争议、备受关注的企业家为主人公的传记，将从他的五次创业讲起，对杜国楹的创业经历进行一次完整的梳理。希望这本书不仅能让人们看到一个更加立体、多面的杜国楹，更能成为年轻人的创业宝典和营销指南，在某种程度上，杜国楹的创业经历已经让越来越多的人觉得每个人都应该了解一点营销套路。

杜国楹是如何成长起来的呢？这首先源于父亲对他的严格管教和良好的家风。1973年，杜国楹出生在河南省周口市西华县的一个普通农村家庭。虽然家境清寒，但为人正直的父亲始终对杜国楹及其兄弟姐妹们有着非常严格的家庭教育。如果不是这样良好的家教，杜国楹在因背背佳破产以后，恐怕也没有那么坚强的意志和一定要偿还所有债务的决心，自然也就不会有后来的故事了。

除了良好的家庭教育，杜国楹所受到的学校教育也对他助益良多。1992年，作为村子里少有的大学生，杜国楹从师范院校毕业后成了当地的一名乡村教师。当教师的这段工作经历对杜国楹的语言表达能力、学习能力以及与人交往的能力都有很大的影响和帮助，更为杜国楹后来辞职下海打下了非常坚实的基础。

1994年，杜国楹离开了三尺讲台和当时被人们视为铁饭碗的工作岗位，来到了天津，成为一名理疗器械销售员。在后来的几年时间里，杜国楹利用自身优势——好头脑加上好口才，顺利成为公司的金牌销售员，并拿到了数十万元的奖金，这也是杜国楹后来创业的第一笔启动资金。

除了家庭教育和学校教育，杜国楹对商机的敏锐感知力是促使他成长的第三个重要因素。凭借这种感知力，杜国楹也成了切换赛道、精准定位的专家，是跨行业创业的行家里手。20世纪90年代的下半叶，是一个虽然不太理智，却也频现“商业奇迹”的年代。杜国楹在这个时候与一个名叫毛相国的人相遇了。这个人可谓国内矫姿带行业的先行者。1996 年，杜国楹和毛相国这一老一少成为并肩作战的伙伴。很快，“英姿带”日销几百条的巨大市场潜力让杜国楹按捺不住了，他开始单干，并迎来了自己人生中打造的第一款爆品——背背佳，这也是杜国楹创业生涯中第一个成功的营销案例。毫不夸张地说，背背佳的出现让其他同类品牌瞬间失去了存在感。但令杜国楹意想不到的是，看似顺利的开始，竟在日后差点把自己逼到了绝路。

1998年，在同样深谙营销之道、一度被捧上神坛的史玉柱负债2.5个亿逃离珠海的时候，背背佳正在以强劲的势头席卷全国，杜国楹正沉浸在成功的喜悦和高度的自信中。远在华南地区的巨人大厦没能像史玉柱对外宣布的那样，建成世界最高的72层大楼，曾经万众瞩目的“巨人”倒了，而此时的杜国楹正处于极速膨胀的时期。那一年，背背佳的销售额直逼5个亿，25岁的杜国楹成了国内最年轻的亿万富翁。事实上，商界传奇的诞生和巨星的陨落从未停止，只是当身处局内时，人们总是很难给自己敲响警钟。

2001 年，当商界许多跨世纪的创举被一一放上报纸头版和新闻电视台的时候，曾经坐拥25亿资产的杜国楹身边却只剩下了一辆宝马汽车和4600万元人民币的负债。很少有人报道首富们成为“首负”以后的生活，那种乍然失去一切的落差感是常人无法想象的。仅仅两三年的光景，年轻的创业人便跌落神坛，巨大的压力让27岁的杜国楹得了斑秃，“怎么还债”成了他生活中唯一的焦点。

高额的债务对还不到30岁的杜国楹来说是个巨大的挑战，但“咬定青山不放松”的精神，以及对人性的深度解读、领悟及商业环境中的巧妙运用，给了杜国楹东山再起的机会。凭借这些，他发现了消费者更迫切的需求和消费痛点，也是新的商机——学习机市场，这次创业让他不仅偿还了债务，还相继缔造了几个品牌神话。这种韧劲和悟性是使杜国楹得以成长，并能够和最后一次创业所缔造的小罐茶“长相厮守”的原因之一。

尽管大多数企业家都曾经历过创业的失败或赛道的切换，但他们中的大多数人都会较早地找到那个能够让自己长期发展下去的事业。然而，杜国楹和其他企业家不同，他是在经历了五次轰轰烈烈的创业后，才找到了自己最想做的事——小罐茶。

因此，想要回顾杜国楹所缔造的成功企业，就不得不一次次回看每一个他所创立的品牌。这其中，不仅包括红极一时的背背佳，也包括帮他偿还了债务的好记星。当时，杜国楹和同样善于制造商业噱头的合伙人十分高调地给好记星冠上了“英语掌上电脑”的高端头衔。在那个迷信“学好英语走遍世界”的年月里，“英语”“掌上”“电脑”，不论单凭哪个标签，都能快速抓住消费者的心。

21 世纪初期，台式电脑还没有完全普及，因此仅仅是“掌上电脑”的概念，就已经足够让消费者蠢蠢欲动，产生购买欲望了。2005 年，好记星的市场占有率达到了 25%，并且再次创下了销售神话——25 亿。此时，杜国楹的 4600 万元债务早已还清。

后来，杜国楹延用自己的商业密码，一次次切换赛道。从面向高端商务人士的“E 人 E 本”，到被杜国楹定义为只有成功人士才能使用的标配手机——8848……

尽管杜国楹每一次的创业经历都是不长，但也都是一个个成功缔造了爆品的经典案例，短小精悍且目标性极强。然而，就在人们已经习惯了他的这种创业风格的时候，他忽然切换了赛道，开始走起了情怀路线。

2012 年 6 月，杜国楹进山寻茶的生活正式开始了。“中国的孩子被西方咖啡抱走了，我想把他们抱回来，把中国茶推向世界。”在采访中，杜国楹有点感伤地说。九年后的中秋节前夕，在全国16个城市的电梯里，开始循环播放时长达1小时的中秋长片：《记在心里的名字 感谢》。在那个疫情当前、盼望团圆的节日气氛里，这条视频以动人、静谧的表现风格和恰当的播放时机，迅速“出圈”。随后，人民网也发文为小罐茶点赞。可以说，从2012年到2021年，不论是为了把中国孩子从西方咖啡的怀里抱回来也好，还是为了把中国茶推向世界也罢，“小罐茶”的确是杜国楹坚持走过的最长的一条路。至此，杜国楹亲手打造的商业神话已经一一亮相，并先后接受了市场的检验。

杜国楹说：“我每天喝茶，所以我就在想，凭什么这么大的一个行业，就没有好的品牌呢？我只希望把握茶叶朴实的规律，然后再从商业的视角、从另外一端把它对接上，这就是我的一个重要的思维模式。”杜国楹不否认自己对商业规律谙熟于心，但与此同时，他也反复强调他对中国茶的感情，以及对当前茶行业没有知名品牌的痛心，这两点或许就是他坚定地要专注茶行业三十年的强大动力的来源。

除此之外，持续打破年轻人对茶的传统认知，让喝茶变得像喝咖啡一样时尚，也是小罐茶的独特之处。2021年，海南博鳌亚洲论坛上的小罐茶果然带来了杜国楹所期待的茶饮新风尚：冷泡茶、铁观音与威士忌的中西合璧，大红袍与水果、肉桂的巧妙结合。这次小罐茶新产品的惊艳亮相，让4天的博鳌论坛创下了喝光1.6万杯纸杯包装、小罐茶随走随喝的纪录。

一个个成功案例，让无数创业人对这个打不倒也吓不住的创业鬼才充满了好奇。杜国楹的创业经历也的确和很多知名的企业家、创始人一样颇具戏剧性和学习参考的价值。对行业逻辑的遵循使杜国楹总能后来者居上。因此，我们或许有理由相信，有一天杜国楹真的可以把中国孩子从西方咖啡的怀里抱回来，中国茶或许也真的能够以一种更加时尚、更加标准化、更好理解的形象出现在世界各国的饮品柜台上，而这一切，都需要时间给出答案。

# 目 录

## 第三章 好记星：直戳家长痛点



## 第四章 E人E本：让高端人士移动办公



## 第五章 8848：成功人士的标配

## 第六章 小罐茶初创期：后半生的事业



## 第七章 小罐茶大洞察：打破认知壁垒



## 第八章 小罐茶大布局：全面布局，打入市场

## 第九章 漫谈创业：顺应商业逻辑，科学创业



## 第十章 “营销大师”是如何炼成的



## 附 录

第一章

# 一个品牌缔造者的成长史

在大多数人都还只是对创业感到好奇，却又不敢轻易尝试的年月里，仍然有很多年轻人纷纷跳入了商海，向着理想的彼岸进发。这群人大多出生于 20 世纪 70 年代，他们顺应了时代的浪潮，也顺应了内心真正向往的生活的召唤。如果要用一句话来形容这群人中尤其热衷于跨界的杜国楹，那么应该是：“只要一想到这一生还有那么多事可以尝试，就觉得特别带劲儿。”

## 县城里的穷小子

1973年，杜国楹出生在河南省周口市西华县的一个普通农村家庭。20世纪70年代的西华县贫穷程度可见一斑。这个位于河南省东部的县城地处黄淮平原中部，属黄河冲积平原，总面积不过1194平方千米。由于地势平坦、土层深厚，加之当时的交通并不发达，西华县始终以农业为主要产业，世代靠土地生活。“面朝黄土背朝天”就是对西华县民众最生动的形容。

即便是在2018年，西华县登记的城镇失业率仍在3.9%。直到2019年5月9日，在累计建成产业扶贫基地452个、扶贫车间108个、光伏电站98座、危房改造7723户的情况下，经河南省省级专项评估检查，西华县才终于达到了脱贫摘帽的标准，正式退出了贫困县的行列。

20世纪50年代，杜国楹来自城里的父亲和来自农村的母亲在西华县组建了新的家庭。1954年，比杜国楹年长19岁的大哥出生，后来，父母又相继有了三个孩子。直到1973年，已经43岁的一家之主才迎来了自己最年幼的儿子杜国楹。当时，杜国楹的家庭是极为少见的“一工一农”之家。父亲常年在工厂工作，母亲则带着五个儿女在农村种地为生。杜国楹的父母和故乡，包括杜国楹自己一定都没有想到，二十几年后，这个来自贫穷县城普通农村家庭的穷小子，竟然成了当时中国最年轻的亿万富豪。

兄弟姐妹五人中，杜国楹排行最小，却是最要强的一个。用他自己的话说，自己是被吓大的，父亲的严厉管教使得勤奋成了杜家的一种习惯。为了让父亲高兴，杜国楹每次考试都力争第一名，一旦考了第二名，就会被他看成是严重的“考试事故”，这不仅会让自己挨骂，还可能牵连母亲也遭到训斥。

在父亲的教导下，杜国楹更加严于律己。从学习到考试，从工作到创业，他都希望自己是表现最优异的那一个。

父亲不仅对孩子们的学习有严格的要求，而且在为人处世上也严加管教。老一辈的正直和善良对杜国楹产生了深远的影响。回忆自己童年的成长经历，杜国楹印象很深。他说，小时候和母亲去城里看父亲，每次临回家，父亲都要打开母子俩的包袱仔细检查，生怕年幼不懂事的孩子错拿了厂里的东西。逢年过节的时候，常有亲戚朋友来家里串门。好吃的、好喝的、好玩的都会被父亲拿出来招待亲友，等客人一走，这些东西又会被立刻锁进柜子里。

年幼的时候，杜国楹无法理解父亲这种几近严苛的教育方式，尽管在这种教育方式的影响下，杜国楹逐渐长成了一个诚实、正直、待人慷慨的小伙子。那个时候，父亲的这番苦心对杜国楹产生的深远影响还没有被他深深地领悟到。直到 1998 年，当在这种教育氛围的影响下，力争上游的杜国楹已经成为亿万富翁的时候，他再次想起了年幼时父亲给予自己的教导。那时候，他最感谢的人就是这位在童年时期让自己感到畏惧的严父。1998 年春节，杜国楹跪谢父亲的严格教导。他说，正是这些教导让他在走每一步路的时候都格外扎实，也正是这些品质才让他有可能成为当时中国最年轻的亿万富翁之一。然而命运总是峰回路转，且充满戏剧性。杜国楹几经波折的传奇人生还要从 1992 年的那个夏天开始讲起。

在后来的很多次采访和演讲中，当杜国楹谈到自己做乡村教师的这段经历时，常常表现出一丝无奈。1992 年的夏天，19 岁的杜国楹完成了自己的学业，从师范院校毕业，成为县城里名副其实的高才生。不到 20 岁的他，选择去当一名老师，走上了三尺讲台，开启了第一段工作经历。

## 21 岁放弃铁饭碗

任教的第一年，杜国楹担任县中学初三化学老师，也是初三班级的班主任。第二年，教学成果突出的他顺利接任了学校团委书记一职。初入职场时，杜国楹的月薪为 115 元。根据相关数据我们可以大概了解到，1991 年河南地区教育行业的人均年收入为 2243 元，核算到每个月的收入约为 187 元[1]。也就是说，杜国楹的工资在当时并没有达到省内行业工资的平均水平。在父母的养育下，接受了十几年正规教育的杜国楹，工作后却依然无法摆脱“啃老”的无奈，这让他的内心无比的躁动。

然而在那个年代，能当一名乡村教师是一件十分令人羡慕的事。相比于依然在和土地讨生活的同龄人，杜国楹有着稳定的工作和收入，教师的身份又受到社会的尊重，况且他入职以后的升迁也算顺利，只要在岗位上多熬几年，说不定也还是会有出路的。在很多同乡的眼里，一个刚刚走出校门的 19 岁的年轻人，能找到这样一份工作已经是很幸运的了，可杜国楹却不甘心。“我觉得不甘心在这儿待一辈子，我觉得我的人生不应该是这样的，就坚决要走。”后来在接受记者采访的时候，杜国楹这样说。

---

[1] 数据来源：历年《中国统计年鉴》。

为了寻找新的机会，身处河南县城的杜国楹开始订阅《羊城晚报》。当时，在遥远的南方，一件后来被视为影响了中国经济命脉的大事件正在发生。1992 年春节前夕，邓小平同志先后赴武昌、深圳、珠海和上海视察。这次视察横跨了整个春节，在一片喜庆祥和的氛围里，邓小平沿途发表了一系列重要讲话，这些讲话后来被《深圳特区报》率先发表。1992 年 3 月 26 日，一篇题为《东方风来满眼春——邓小平同志在深圳纪实》的重大社论报道为改革开放指明了新的方向。

此时正在家中过年的杜国楹依然过着循环往复的教学生活，对自己的未来充满了期待和不甘。在《羊城晚报》上，他看到了整版的招聘信息，在广东的各个城市，大大小小的公司都在招人。杜国楹不知道自己能做什么，但有一点很明确，那就是他不想再向父母伸手要钱了，也不想一辈子待在这个让他很难看到希望的环境里。杜国楹试图打破这种僵局，为自己的未来找到一种新的可能性。他想去广东那片热土看看。

春节前夕，邓小平的南方谈话激励了太多像杜国楹这样的年轻人。那个春天，有很多打破铁饭碗，纷纷向组织递交了辞职信，离开了曾经令人艳羡的工作岗位，勇敢地扎进了“下海”经商的浪潮里。不久，杜国楹也成为这场浪潮中一朵不可小觑的浪花。

后来，1994 年被称为名副其实的“改革年”“攻坚年”和“关键年”。那一年，中国开始正式施行分税制，这是一种被西方国家采用已久的财政管理体制。经过改革开放和南方谈话的洗礼，中国的经济形势已和以前大不相同。在接下来的两年内，国家成功地实现了对经济的宏观调控和经济软着陆。此时在河南西华县，已经在学校工作了快两年的杜国楹，依然在苦思冥想着该如何为自己寻求新的出路。

当时，媒体的飞速发展把这个国家正在经历的变化传递到了国内更广的范围，包括杜国楹的家乡。那一年，多家地方电视台开播了二套和三套频道，新闻是当时最受欢迎的节目类型之一，此外更让人感到新颖的，就是电视广告了。

那大概是中国人第一次通过视听的方式接触营销体语言，铺天盖地的广告文案和在日常生活中难得一见的俊男美女开始出现在屏幕前，一些夸张的词句和表情交织在一起，以一种似乎过度热情、过分欢乐的气氛，又或者一种“危言耸听”的阵仗，向屏幕前的消息接收者们频频发问，甚至还有些咄咄逼人。

这些简短的节目表现形式被穿插在当时风靡国内的轮播电视剧中。那时候最让人印象深刻的，就是历史题材的战争电视剧《三国演义》的热播。那是中国第一部由长篇小说改编拍摄而成的战争电视剧。而一曲《滚滚长江东逝水》后，接续的是几十分钟的剧情和穿插进来的电视广告。

后来，电视广告成为杜国楹营销实战的“得力助手”。1994 年的杜国楹还是一个心怀憧憬的年轻人，还不知道自己要做点什么。而在那一年很多比他年长的甚至同龄的创业者，都已经开始在商海中浮沉了一段时间了。

在那个商业氛围逐渐浓厚的时代，很多人抓住了机会。随着经济发展和生活水平的提高，人们对健康的渴望在 1994 年达到了一个前所未有的高度，保健品作为一种不被人们所熟知、却莫名被追捧的品类，成为各大超市柜台的年度新宠。从南到北，无数大大小小、实力参差不齐的创业勇士纷纷涌入了保健品市场，商场柜台里摆满了各种写着夸张广告语和神奇功效的瓶瓶罐罐，年节礼品也从床单被褥、烟酒糖果变成了各式各样的保健品，美其名曰“送礼就要送健康”。那一年几乎可以被称为“保健品年”。

铺天盖地的广告更是迅速占领了各家电视台的屏幕，其中就包括红极一时的广州乐百氏饮料公司、国内最大的保健品公司广东太阳神公司、沈阳飞龙保健品公司以及以宣传高科技食物制剂著称的三株实业有限公司等。此外，参与了这场战争的还包括后来曾被人拉来与杜国楹作比较的营销大神史玉柱。

1994 年，史玉柱早已身价不菲，然而面对西方国家向中国出口计算机的禁令失效这一情况，国内电脑行业开始风声鹤唳。为了保住企业的命脉，史玉柱决定在珠海投建“巨人大厦”，把目标转入保健品市场。他在采访中夸下海口，说这将是“全国第一高楼”。不论后来的结局如何，不可否任的是，他们迸发的创业热情，在很大程度上影响了当时的年轻人，其中就包括一直不安于现状的杜国楹。

不过他的这些想法，校方和学生是不知情的，最终促使他下定决心离职创业的是一次机缘巧合。当时，杜国楹哥哥的一个同学辞掉了公务员的工作，率先离开老家，到郑州的一家公司打工，后来又被分配到了广西南宁。在那里，他看到了新的生活和更多的机会。这件事给了杜国楹很大的鼓舞，于是经过再三思考和斟酌，1994 年，才 21 岁的杜国楹毅然决定放弃铁饭碗，到外面的世界看看。就这样，任教不到两年的他在众人的不解中走出了县城的校门。

杜国楹走的时候，他的父亲十分反对，甚至还去学校找了校长，但在母亲的帮助下，杜国楹还是毅然决然地离开了家乡。几年以后，当已经创业成功、成为亿万富翁的杜国楹再谈起这段经历时，认为其实自己当时的压力并不算大。他说：“我爸那个时候有退休金，条件还行。我是最小的，就是一个老儿子结婚这点事，我也不让他管了。我走了，我哥我姐可以照顾他们。我是一个人吃饱全家不饿，当时没有任何精神压力，就是想走出去闯世界。”

## 金牌销售员

辞掉乡村教师的铁饭碗后，杜国楹来到了郑州，在一家销售公司接受培训。这段为期三个月的培训对杜国楹来说是非常珍贵的。那时候，每到周末，他就守在柜台边上，看其他销售员是怎么和顾客交流、怎么推销产品和促成交易的。这些尽管听起来简单，但他认为正是这段经历把自己推向了市场。三个月以后，杜国楹因表现突出被派到了天津，成了一名推销理疗器械的销售员。

不过，初次踏足商界，兴奋不已的杜国楹首先要克服的就是由于身份转变带来的心理落差。要知道，教师始终都是备受尊重的行业，但销售就是另一回事了。不过，这对他来说似乎并没有想象中那么难。“脸面这些东西，做销售的时候都要豁得出去，没有问题。”很多年以后，在谈到自己从教师转型为销售时，他是这样说的。

保健品和理疗器械在当时都属于炙手可热的行业，且理疗器械还有一定的市场基础和发展历史。自 20 世纪 80 年代起，由于电子技术和图像分析技术在医学方面的广泛应用，理疗器械开始趋于多样化，光疗、电疗、磁疗、超声波以及家庭医疗保健设备开始涌入消费者市场。

刚到天津时，杜国楹就面临孤军奋战的局面。杜国楹当时所在的公司在天津并没有已成形的团队，整个办事处就只有他一个人。公司提供的一间小平房、一辆自行车就是杜国楹销售生涯的开端。

后来，在谈起自己在天津做销售的那段经历时，杜国楹称自己是“电台讲座 + 热线电话”营销模式的先行者。当时，电话营销模式非常风靡。在网络还不发达的时候，电话是人们联系目标客户最快、最便捷的方式，而且当时这种销售方式刚刚兴起，新颖便利、负面新闻较少。因此，相比于今天，当年接到电话的消费者对销售员有着更高的信任和耐心，对产品也有着更强烈的好奇。有了这些便利因素，对于有着两年执教经验、口才流利的杜国楹来说，即兴演讲就更不算难事了。换句话说，说服他人对杜国楹来说，实在不算难。

在面对一些有财力也有知识储备的客户时，杜国楹的口才、头脑和学识在当时的销售队伍里是有很大优势的。

在 1999 年《中国经济信息》期刊 04 期的“通信天地”板块中，一篇名为《北京人通讯交往方式日趋现代化》的文章里提到，截至 1999 年，北京市住宅电话的普及率刚刚突破 70%。也就是说，在杜国楹做销售、卖理疗器械的 1994 年至 1996 年，我国住宅电话的普及率还没有达到很高的水平。因此，杜国楹的客户大多是当时比较富足的群体，理疗器械也正好符合他们的消费需求，且在他们的消费能力范围内。

三个月后，这个被公司委以重任的小伙子就成功地在原本一片荒芜的天津市场完成了他的破冰任务，把 7 个终端拓展到了 100 多个终端。很难想象，那段时间杜国楹的生活节奏是怎样的，用他自己的话来说，他当时不仅要骑着自行车每家店、每个终端地送货，周末还要在柜台盯着产品销售的工作。杜国楹因此成为公司的金牌销售员。

尽管市场终端放大了十几倍，销售额从 7000 元变成 17000 元，可在杜国楹看来，仍然不够。他认为，在市场终端已经放大了十几倍的情况下，产品的销售额却增加了 10000 元，这说明单店的效益仍然不够理想。怎样才能把产品推向市场？这是杜国楹感到焦虑的难题。

一次偶然的机会，杜国楹解开了这道难题。当时，天津办事处的小平房里有一台收音机，一天晚上，正在床上百无聊赖地听着收音机的杜国楹忽然发现，有人在电台上做广告，这是他从来没有接触过的宣传方式。

1995 年，当公司的全国办事处都被集中到天津学习的时候，杜国楹已经凭借电台广告和电话营销的方式，成功地为公司创下了月销售额百万余元的业绩。但这还不是最好的时候，从这家公司离职前，杜国楹已经为公司创造了在天津地区月销售额高达 300 余万元的神话[1]。即便是正处于改革攻坚的 20 世纪 90 年代中期，百万元的月销售额也是非常让人感到惊喜和振奋的。

对杜国楹来说，这样的成绩就更令人惊喜了。杜国楹离开教师岗位的时候，月薪是 151 元；在天津，他的月销售业绩是自己曾经月薪的千倍到万倍。如果当时的理疗器械单价为 1000 元，那么杜国楹平均每月要销售 4000 台理疗器械，均摊到日销售数量上，就是每日售出理疗器械一百余台。这样的销售业绩，即便是在信息化极为发达的今天，也是让人望尘莫及的。

1996 年，杜国楹在天津摸爬滚打了将近两年，扎实而亮眼的工作表现让他成为公司不可多得的销售人才，更是老板的得力干将和主心骨。因此，当杜国楹被公认为金牌销售员，并凭借一根电话线和两张嘴皮子就拿到了 50 万元的销售奖金的时候，没有人感到意外。真正令人意外的是，这个已经得到了公司的高度认可和丰厚奖金的年轻人，竟然决定离开现在的工作岗位，到别处去谋生路。这笔奖金对杜国楹

[1] 李翔著：《详谈杜国楹：营销最终是价值观问题》。

来说其实也有着非凡的意义——这是他创业的起点。正是这笔启动资金，为杜国楹的创业史按下了启动键，成了他开始书写爆品、缔造神话的开端。

## 擅用策略的实战家

在后来的很多年里，人们提起杜国楹的时候，总会不自觉地想到“营销”“策略”“包装”这些词。而杜国楹推出的几个风靡全国的爆款产品，也使他成为名副其实的策略实战家。

杜国楹刚到天津做销售员时，最初的策略其实非常简单，就是勤跑。但是很快，他就发现能靠自行车跑来的业务很快就饱和了，好景不长，他的产品开始卖不动了。这个时候，他想到了打广告。

打广告是杜国楹创业的整个过程中不得不提的一个策略。从电台到电视，他始终在充分利用媒体的宣传优势，为自己的产品造势。但当时，电视、报纸等主流媒体的广告营销费用动辄就要几万元，这笔钱对于 20 世纪 90 年代初期的一家销售公司来说，并不算个小数目。无奈之下，杜国楹只能退而求其次，向公司提出申请，准备投电台广告——当时，电台广告的费用只需要 2000 元。

经费申请下来以后，杜国楹的首次广告投放试验开始了，连他自己都没有想到，这样一则小广告，居然在当天就创下了 3 万元的日销售额[1]，远远超过了他曾经的月销售额。

[1] 康承佳：《“狠人”杜国楹，如何收割“智商税”》，钛媒体，2021 年 11 月 09 日。

后来，在谈起自己的第一次广告投放试验，杜国楹这样说：“那一天让我对营销有了全新的认识，对传播有了全新的认识。打过广告之后，变化居然如此之大，这让我非常非常震撼！”这种震撼的感觉，也使得杜国楹在往后的创业路上有了新的战略布局。

电视时代带来的不仅仅是广告的影响力，同时包含名人效应。在那个追星是一种新风潮的年代，明星被罩上了一层难以捉摸的神秘感，营销式的广告文案配上名人效应，市场的飓风注定要被再次掀起。

杜国楹从首次创建背背佳开始，就有意识地邀请当红人气明星做品牌代言人，既包括《我爱我家》里的童星、《超级女声》里出道的女歌手、曾风靡一时的外国笑星，也包括家喻户晓的导演和演员，甚至包括国内知名地产商。这些人的代言为杜国楹产品销路的开拓带来了不可小觑的力量。

除了广告、代言，杜国楹还有另外一个撒手锏——品牌名称。杜国楹一直认为，一个品牌如果名字起得好，将对销售大有助益，因为朗朗上口的名字会让消费者非常迅速地记住这个品牌。

在创立背背佳之前，矫姿带市场上已经有了诸如“英姿带”“背姿带”“正姿带”等 10 个品牌。杜国楹在仔细分析了这些品牌的名字之后发现，个个都少不了“姿”“带”两个字，这无非是为了传达矫姿带的产品属性和功能。为了凸显自己的新品牌的差异和特色，经过近半年的思索，杜国楹为新品牌取名为“背背佳”：一方面，这个名字朗朗上口，容易记忆；另一方面，这个名字成功地和同类产品的名称拉开了差距，能够凸显品牌特色；而最重要的一点是，这个名字十分点题地凸显了背背佳所作用的人体部位——背部。后来，背背佳不仅销量飙升，而且至今仍然是矫姿带同类型产品的代名词。

在创立好记星学习机的时候，杜国楹更是“讨巧”。当时，市场上的同类产品已经有好易通、记忆宝、文曲星三足鼎立，为了突出重围、吸引消费者的注意力，杜国楹在三个品牌中各取了一个字，为新品牌命名“好记星”。

到了“E人E本”和“8848”的时候，杜国楹则更是颇有创意。为了表明自己的市场野心，杜国楹以谐音命名，希望能够实现“一人一本”的销售目标；而后者则干脆以珠穆朗玛峰的海拔高度命名，配上成功人士比较受用的广告文案，又一个爆款产品在杜国楹手中诞生了。可以说，年轻时积累的实战经验使杜国楹能够在后来的数次创业中始终发挥着超于常人的策略才能，他也因此而成为名副其实的策略实战家。

第二章

# 背背佳：电视机时代的广告攻势

“我用几年的时间坐了一个大过山车，上去、下来，貌似在那个时代上得很高，但是下也下到了海底，败得足够彻底。”1997 年，杜国楹成立了天津一品科技公司，并推出了红极一时，甚至占据了整个“80 后”“90 后”童年记忆的矫姿带产品——背背佳。在电视广告如火如荼的年代，杜国楹以铺天盖地的广告攻势在全国范围内掀起了一阵矫姿带热销浪潮，但也是这次创业，让杜国楹经历了一次如坐过山车一样的终极体验。

## 初遇毛相国

谈到杜国楹的第一次创业，无论如何也绕不开他与毛相国的相识。毛相国何许人也？论出身，毛相国同杜国楹一样，都是来自河南农村，是河南省新乡市长垣县满乡村的农民。1955 年出生的毛相国，在饥饿与贫穷中度过了自己的童年和青少年时期。1976 年，不安于现状的毛相国开始创业。要知道，在 20 世纪 70 年代，创业意味着要承担巨大的风险，而且还是多方面的风险，这是非常需要勇气的。

毛相国是勇敢的，也是幸运的。1978 年，中国进入了一个极其微妙且关键的年代，老一辈领导人邓小平的复出，再次推进了中国经济的命运变革。改革开放的到来，使全国上下为之震动。敢为人先的毛相国借着这阵东风，一跃成为当地知名的农民企业家，创办了当地第一个私人黄河综合厂，生产了 300 多种样式各异的瓶刷和毛刷产品，仅两年就盈利 80000 元，成绩相当出色[1]。当时，国家开始大力鼓励个体经济的发展，也就是在那几年，毛相国迎来了自己的第一笔财富积累。

1980年，毛相国又成立了长垣县黄河电线厂，盈利数十万元。然而，

[1] 赵炳煜、王守明：《英姿老板和他的英姿实业》《决策探索》2000 年第 9 期。

1981 年以后，人们忽然发现日子过不下去了。虽然中国农村的家庭联产承包责任制在很大程度上调动了农民的生产积极性，国有企业在各大城市的改革试点也正在拉动中国个体经济的发展。但是，在变革过程中给国家带来的财政危机也是不可回避的事实。为了拉动经济、改善人民的生活水平，中央出台的一系列政策让政府财政支出大幅度增加，而各地基建规模的不断扩大也是对地方财政预算的严峻考验。在改革开放进入第三个年头时，国家财政忽然就面临着急转直下的困局。

此时的毛相国作为国内众多个体经营者中的一个，已经拥有了 50 万元的财富积累。在那个人人都在追求成为“万元户”的年代，坐拥 50 万资产的毛相国已经可以算是当地的富翁级人物了。

1981 年，国家开始进行改革开放后的第一次宏观调控，但是对个体经济的发展仍然持支持和鼓励的态度。次年，毛相国便在家乡创建了冶金拔丝厂。从 1983 年开始，该厂每年以 500 吨的产量攀升，在这种大好形势下，这个厂子一直经营到了 1990 年。厂里的业务遍布河南及周边省份，在很大程度上带动了当地经济的发展。为此，毛相国相继获得“农民企业家”“人大代表”“政协委员”“个体劳协会会长”等多个称号。

1991 年，毛相国关掉了家乡的冶金拔丝厂，全家搬迁到了新乡市市区生活。当时，国内正沉浸在一片打击假冒伪劣商品的讨伐声中，市场环境不规范。而此时的毛相国，则正为自己的下一次创业寻找机会。

1993 年年底的一天，正在家里读报的毛相国，在报纸的角落里看到了一则豆腐块大小的板块——一条百余字的专利广告。这条广告的发布者是清华大学教师李博元，在广告中，李博元称自己发明了一款可以帮助人体进行身姿矫正的矫姿带，正在寻找专利买家。

经过了一番思考和市场调查后，毛相国认为如果把这个专利转化成产品，一定会有非常广阔的市场前景。于是，从 1993 年 11 月到 1994 年 4 月，毛相国三赴北京，以 40 万元人民币的高价买下了李博元的“英姿带”专利技术图纸，并迅速在新乡市成立了英姿实业公司。

公司成立以后，毛相国要做的第一件事就是让这个价值几十万元的专利尽快转化为实实在在的产品，迅速闯入还是一片处女地的矫姿带市场。然而，事情并没有毛相国想象的那么顺利。当时，能够接下数额高达几十万元的订单并顺利完成印染交付的厂家寥寥无几，毛相国需要找到这样的厂家并和他们合作。当时，大致的合作流程是：毛相国先将几十万元货款打给厂家，产品便开始进入印染加工阶段，等工期到了，厂家再向英姿公司交付产品。

毛相国本来以为这种合作方式能帮自己尽快打入市场，但他万万没有想到，单单是生产环节就让公司险些遭遇“灭顶之灾”。当时，由于英姿实业公司没有专门的产品验收人员，80 万元的货款付出去后，等到验收时，才发现其中有 60 万元成本的布料都被印坏了，厂家为了应付过关，故意在交货时把好布料放在外面。这种事在当时经常发生，一位私营企业的女老板在接受电视采访时，就提到过自己与毛相国的相似经历。水果罐头刚刚在内地兴起时，很多人都瞄上了这个商机。然而，厂家的发货环节却“危险重重”。验收时，你看到的都是满瓶果肉的罐头，等货到了，消费者却经常发现其中夹杂着半瓶甚至空瓶的产品，而此时厂商早已不见了踪影。

1994 年，毛相国满世界地寻找印染厂厂长，几经波折后，他终于找到了人，却没有得到一个说法。有传闻称，一向所向披靡的创业家毛相国为此有了“痛心一跪”。他说，这种做法无异于要了农民企业家的命。也有传闻称，恰恰是这句话让印染厂厂长良心发现，给了赔偿款，不过只有 30 万元，还不到货款的一半。

拿到赔偿款的毛相国再也不愿意找代工厂合作，他决定大力投资建厂、大范围招募工人。他希望英姿实业公司能先有一个五脏俱全的工厂，然后再去谈产品上市。1995 年 2 月，已经投资了百万元的毛相国终于有了自己的工厂，两万条产品顺利出产，第一代“英姿带”正式投入市场。

1994 年前后，保健品市场的蓬勃发展让全民陷入了“保健”所引发的狂欢之中。对于毛相国的这款用几条由伸缩性绑带组成的矫姿产品，当时的消费者是十分愿意埋单的。

1996 年，为了进一步打开产品销路，毛相国开始采取代理制，在全国招募代理商，正是这个决定，拉开了杜国楹与毛相国相遇的序幕。此时的杜国楹已经是天津江元国际贸易（天津）有限公司的总经理，刚刚成为销售冠军、刷新月销售纪录的他正准备离开公司，自己创业。

在一次“英姿带”的订货会上，正在寻找创业机会的杜国楹看好了这款成本低、收益高、痛点明确的产品，并于 1996 年 8 月 26 日正式与毛相国签署了经销协议，顺利成为“英姿带”在天津地区的独家总代理。然而，协议签订后不久，杜国楹却发现天津东方商厦也和毛相国的公司签署了同样的经销协议。对此，英姿实业公司的答复是：“你自己去收。”于是，杜国楹自己拿钱收购了天津东方商厦的 5700 条“英姿带”，英姿实业公司也正式取消了天津东方商厦的代理权。至此，杜国楹成了“英姿带”在天津地区名副其实的独家总代理。

## 抢先注册专利权

早在 1984 年，新中国的第一部《专利法》就已经诞生了。此后，我国分别于 1992 年、2000 年、2008 年以及 2020 年对《专利法》进行了 4 次修订，目的就是保护专利权人的合法权益。在专利方面，年纪尚轻的杜国楹要比毛相国更有远见、专利意识更强。于是，一场关于专利纠纷的大战就这样开始了。

1996 年，刚刚成为“英姿带”天津独家代理商的杜国楹已经通过一则电台广告知道了传播的威力，他开始利用天津地区的电视媒体大打广告。媒体的宣传为“英姿带”的销售发挥了不可小觑的力量，在杜国楹的运作下，“英姿带”顺利创下日销 600 条的光辉业绩。要知道在当时，每条英姿带的价格大概是 200 元人民币，日销 600 条就意味着日销售额达到了 12 万元。莫说是在 20 世纪 90 年代，即便放到今天，这也是非常出色的业绩。

1996 年年底，年轻的杜国楹又为公司创下了 298 万元的月销售额，这个有着营销天赋的小伙子一时间被人们视为销售奇才。然而，也正是这些亮眼的成绩让杜国楹萌生了再次离职、自主创业的想法。很快，杜国楹就向公司提出离职申请，在离职清算的时候，他拿到了 50 万元奖金，这笔奖金成了后来他首次创业的启动资金。

彼时的毛相国正带着 5 个业务员在全国奔波，试图通过产品展览会打开市场。然而，“英姿带”的市场表现却不再像最初那么完美。一方面，毛相国的这种走穴式的宣传策略并不奏效；另一方面，“英姿带”产品自身也存在诸多问题。而这一切早在1995年就埋下了伏笔。

当时，由于没有经验、又仓促面市，英姿实业公司并没有考虑到用户群体存在男女老少胖瘦高矮的身材差异问题。因此，两万条“英姿带”生产出来以后，却只有大、中、小三个型号。粗略的型号划分使得一部分产品被迫报废，给公司造成了惨重的损失。

在后来的产品迭代中，英姿实业公司也做过很多努力去改良，然而即便是在毛相国带着业务员亲自参加国际产品展览会的那段时间，“英姿带”的产品质量问题依然是老生常谈的话题。起初是帆布制品不透气、影响用户体验；改良之后，虽然不透气的问题得到了改善，可新材料的伸缩性又变差了，产品功能无法得到很好的发挥；布料几经更新后，带子的问题的确少了，但腰部卡扣使用寿命太短又成了新的难题……一时间，这个在仓促面市时备受追捧的新产品陷入了销售困局。对于消费者的质疑，英姿公司始终没能给出满意的答复。代理商把这些问题反馈到英姿实业公司，令人意外的是，对于不符合产品质量要求的产品，公司竟然一律采取不予退换的处理方式。一时间，代理商中抱怨声喋喋不休，消费者和代理商之间也诉讼频发。此后一年，毛相国又投资了100万元用于“英姿带”的推广营销，却只卖了不到2000条。

“英姿带”的产品质量危机和销量唱衰的现实情况下，杜国楹离职创业想法开始在心里慢慢萌芽。

1997年4月，一个叫袁斌的人的出现从某种程度上彻底改写了中国矫姿带市场的战局。袁斌是天津大学应用物理系的教师，当时他手里正有一项和“英姿带”产品功能类似的专利也在寻找买家。杜国楹看到后，当即以5000元人民币的价格将其买下。袁斌或许不知道，就在四年前，毛相国以40万元的价格买下了清华大学教师的“英姿带”的专利权。

1997年6月，杜国楹先在天津注册成立了天津一品科技公司，很快便推出了矫姿带新品牌——“背背佳”，并立刻注册了专利权。1997年6月，“背背佳”正式获得外观设计专利权，并于当年10月正式投入生产。

后来，在毛、杜二人为此事对簿公堂时，毛相国曾十分愤懑地提到过一个插曲，就是在1997年7月30日，英姿实业公司召开了全国代理商保密会议。毛相国称，当时已经低调注册了公司和品牌专利的杜国楹仍然出席了本次会议，而自己却对这一切浑然不知。

对此，杜国楹给出了十分坚决的回应：“说我侵犯了‘英姿带’的专利、窃取了商业机密是完全没有根据的。即使‘背背佳’与‘英姿带’在产品上有相似的地方，但还是做了改进的，我们改造了原来‘英姿带’腰部的拉伸带，这就和原来的产品不一样了，要是完全一样，专利局是不会受理的。”

## 杜氏秘籍：虚拟经营成绩斐然

英姿实业公司和天津一品科技公司的官司在上诉一年多后，正式在郑州市中级人民法院开庭审理，双方各执一词，一时间舆论四起。

毛相国痛心疾首的照片开始在多家媒体的报纸上频频出现，那个叫杜国楹的小伙子给了他一次迎头痛击。而这一切除了因为对“背背佳”产品进行了改良之外，有很大一部分还在于杜国楹的冷启动方案。也有人称，杜国楹走的是一条“虚拟经营”的路线。

所谓的“虚拟经营”，就是指企业把重心放在自己擅长的工作上，把其他工作交给外部完成。二十几岁的杜国楹是国内“虚拟经营”的先行者。在他创立“背背佳”品牌的时候，由于资金问题，“背背佳”没有自己的工厂，因此从某种程度上说，天津一品科技公司其实就是个空壳公司，公司的所有产品都是以加工厂代加工的方式生产出来的。和毛相国的百万投资相比，这种方案能够在很大程度上为杜国楹节省投资成本。一方面，“背背佳”产品的研发部门当时只需要 4 名员工负责下单和产品验收，可以在人员成本上大大节省；另一方面，这种人员设置也在一定程度上避免了发生毛相国曾经遇到的由于产品验收失误，而导致大量亏损的情况，效率和质量都有了保障。

不仅如此，为了调动一切可利用的资源，杜国楹开始在全国范围内出售“背背佳”的经销权，并向每个经销商收取约 20 万元的费用。

很快，公司就有了200万元的资金入账。随后，他又开始向上游厂商争取赊货时间，缓解资金压力。同时，杜国楹鼓励下游经销商积极订货，并预付大量货款。这样一来，杜国楹的资金链基本算是打通了。

在推广营销方面，杜国楹也有自己的想法。他没有选择诸如国际产品展览会这样的方式，而是继续通过电视广告对产品进行大力度的宣传。虽然1997年，即杜国楹注册公司的那年，在中国商业史上被称为“崩溃之年”：先是秦池崩盘，巨人大厦停工，后是三株分崩瓦解，怀汉新出走太阳神，亚细亚陷入绝境……但是抛开这些，回顾1997年还发生了哪些离人们生活比较近的事，就会发现在那一年的元旦，在家电企业迎来“概念时代”的初期，我国多家地方电视台开始上星，媒体和人们的生活更加贴近了。1997年7月，《快乐大本营》在湖南卫视首播，红遍全国；一时万人空巷的古装电视连续剧《还珠格格》第一部开拍，并于1998年首播；同年，风靡一时的综艺节目《幸运52》在央视首播。电视节目的多样化无一不在传达着电视时代已来临的信号。也就是说，中国的消费者将以另一种形式了解这个时代，和在这个时代下诞生的那些让人眼花缭乱的新产品。

根据当时的统计数据，在20世纪90年代，报纸、广播和电视是当时最主要的三大传播媒介。其中，电视是人们接触最频繁、影响力最大的大众传播媒介。1997年，观众在家中收看电视的比例已经达到了96.6%。截至1997年6月底，我国电视观众的总数已经达到了10.94亿人，成为世界上数量最多的收视群体。同样是在1997年6月底，我国已有34.5%的家庭加入了有线电视网。其中，在1991年至1995年加入有线电视网的家庭占比高达62.7%。在经历了有线电视发展的鼎盛时期后，1997年仍然可以被看作有线电视事业的持续发展阶段[1]。

有线电视事业的蓬勃发展使电视广告成为人们了解新产品的重要渠道之一。早在 1979 年 3 月 9 日，上海电视台在一次实况转播国际女篮大赛中场休息的时候，突然推出了男篮名将张大维大口大口地喝着“幸福可乐”的镜头，这是我国最早的电视广告。

十年以后，当西装笔挺的李默然面对镜头，严肃地说出“干我们这一行的生活没有规律，常患胃病……”的广告语的时候，明星代言已经开始深切地影响着中国消费者了。三九胃泰就是从那时候起，成了至今仍然家喻户晓的胃病良药。

1996 年，也就是杜国楹遇见毛相国那年的冬天，秦池酒业看到了电视广告的巨大威力，刚刚以 3.2 亿元的巨资拿下了中央电视台的广告标王，一夜之间便成为中国最畅销的白酒品牌，一时之间名声大噪。仅 1996 年一年间，秦池酒业就实现了 9.8 亿元的销售额，比在通过电视广告进行营销之前增长了 5 倍以上。那几年，电视广告事业的发展如火如荼，而此时的杜国楹当然也需要借助一些大众传播的手段宣传“背背佳”。1997 年 8 月，曾在广告上尝到甜头的杜国楹正式开启了“背背佳”的冷启动方案。

如果把时间拉回 1997 年前后，一定会有人记起“今年过节不收礼，收礼只收脑白金”这句非常具有传播力度的广告语。1998 年，脑白金的广告开始呈现象级传播的态势，并在此后几年的时间里，成为几代人的共同记忆。

“背背佳”在当时的社会环境下打广告，至少是占了天时的。为此，杜国楹用了很长的时间来确定广告的诉求。在投入广告的前期，“背

[1] 刘建鸣、徐瑞青、刘志忠：《1997 年全国电视观众调查分析报告》，《电视研究》，1998 年 11 月 15 日。

背佳”广告的重点是通过专题广告让消费者了解“背背佳”产品的结构、功能、材料，以及使用方法。杜国楹希望通过这种方式，让消费者了解并接受矫姿带这一新的产品品类，并形成广告效应。

1997 年 8 月，“背背佳”正式通过北京今世广告公司投放广告，其专题广告统一在时段并不拥挤且价钱并不昂贵的地方台投放，而品牌广告则放在中央台相对便宜的非黄金时段。按比例来算，“背背佳”广告有 75% 的媒体投放量都分布在各省市电视台，只有 25% 是集中在中央电视台非黄金时段的套播广告。这个策略非常符合杜国楹“少花钱，多办事”的营销原则。

考虑到明星效应，“背背佳”第一阶段的广告代言人是电视剧《我爱我家》里贾圆圆的扮演者。一方面，《我爱我家》正是当时国内热播已久的情景喜剧，观众对“贾圆圆”这一形象自带亲切感；另一方面，童星效应和小演员当时的年龄也非常符合“背背佳”的目标用户。那个夏天，“背背佳塑造完美身姿”的广告语开始频繁地出现在电视上，这种从中央到地方的地毯式广告排布，很快就让“背背佳”成为国内家喻户晓的品牌。根据当年的调查显示，“背背佳”的媒体投放量仅次于晓喻全国的矿泉水品牌“娃哈哈”。1998 年，“背背佳”销售额超过 5 亿元。

恰在此时，电视购物出现了，人们对电视媒介和广告的依赖性开始增强。时运绝佳的杜国楹迎来了自己创业的第一个高光时刻。“我给电视台打电话，说要做电视购物，1 小时的节目，每分钟 5 元，我愿意出 10 元。但是我一次做不了 1 个小时，我只能做 10 分钟，所以我和电视台说，让他们一天给我 1 个小时，安排在什么时间段都可以。不过电视台不同意这样，我说我愿意出 30 元、50 元都可以，只要每次 5 分钟，全天拉开了打。可以说在 20 世纪 90 年代，在中国的电视营销史上，非品牌类的广告，我们是开了先河的，在这之后才开始有哈慈五行针，有各种各样的电视购物。”谈起那段时光，杜国楹好像有说不完的回忆。

然而，当年那个觉得自己开了诸多先河的年轻人或许没有想过，自己的这次成功是否来得太快、太顺利了。在经商这条变幻莫测的道路上，明天会迎来什么，谁都不知道。就在杜国楹成为国内最年轻的亿万富翁的 1998 年，同样被称为国内营销鬼才的史玉柱正因负债数亿元而逃离珠海。而正年轻气盛的杜国楹当时完全没有预料到，自己的危机也即将降临。

## 痛点营销：让孩子赢得“未来”

20 世纪 90 年代，电视广告风靡一时，为了刺激消费，各大厂家纷纷大显身手。有经济学者曾总结过当时比较典型的几种营销手段的类型。

首先是直到今天依然被频繁使用的“明星法”。无论是歌星、影星还是体育明星，只要在观众中受欢迎程度够高，厂家就愿意出天价请他们来为自己的产品代言。“我只用……”“我只喝……”“我只穿……”这种一听就不太可能的广告语，直到今天还在被沿用。神奇的是，在过去很长一段时间里，明星代言的确为产品发挥了巨大的宣传作用，实实在在地提高了产品的成交量。

除了明星效应，还有一种典型的广告营销方式被称为“天方夜谭法”。这种类型的广告在今天也不少见，且具有极高的辨识度，通常表现为过分夸大产品功能，如喝了某种饮料就能天天补脑，记忆力就能变好；抑或只要送出某种礼品，在职场上就能平步青云，顺利到达人生巅峰。

诸如此类的广告案例在当时数不胜数，绝大部分的消费者也乐意为此埋单。然而，杜国楹并没有采取这种策略，在对“背背佳”的宣传上，他采用的是痛点营销方式。

相对于传统的营销思维，痛点营销更加高效、精准，而找准用户的痛点和需求也是提升成交可能性的前提。但是像“背背佳”这样的产品，用户的痛点在哪里呢？曾有过两年教书经验的杜国楹认为，“背背佳”这个品牌的痛点不在产品使用者的身上，而在有着教育焦虑的家长身上。

在他教书的那两年里，杜国楹发现很多学生的坐姿都不规范，含胸驼背也是常有的现象，家长们对此更是无可奈何：自己总不能时时刻刻跟在孩子旁边矫正坐姿吧？但是，如果有一个产品可以起到这种时刻监督孩子、提醒孩子纠正坐姿的作用，家长会动心吗？

如果人们做粗略的推理和换算，就会发现一个非常有趣的巧合。1977 年，被“文化大革命”中断十年之久的中国高考制度得以恢复，按照正常学制来算，假设当年参加高考的人中最年轻的为 19 岁，那么到杜国楹成立天津一品科技公司、创立“背背佳”品牌的 1997 年时，在恢复高考后首批参加高考的学生中，最年轻的可能也已经 38 岁了。按照当时国内大多数人的婚育年龄来算，这群人的子女此时刚好处于初中阶段，恰好是“背背佳”用户的主力军。

根据相关数据，1977 年第一批报名参加高考的考生高达 580 万人。同时，按照教育部公布的数据，1978 年全国参加高考的人数高达 610 万人，但录取人数仅 40.2 万人。可见，那仍然是一个虽然制度得以恢复，但是求学却十分艰难的时期。对于这群差点或者说已经和高等学府失之交臂的家长来说，“让孩子赢得未来”是他们颇为受用的痛点之一。

杜国楹启动了广告营销策略，并选择了在当时红极一时的某唱跳组合为新的“背背佳”品牌代言人，以学校、教室、草地、现代楼群等为广告背景，并插入劲舞、蹦迪、滑板等流行元素。很快，一条充满青春活力气息的矫姿带广告就诞生了，“让孩子赢得未来”的口号也在这个时候被迅速打出，有着教育焦虑的家长很快就被煽动，青少年学生的市场被迅速引爆。

在短短不到一年的时间里，那段脍炙人口的“哦雷哦，哦雷哦，哦咿呀咿呀哦”就成了“80 后”的经典广告记忆。与此同时，“背背佳”以锐不可当的态势在全国范围内畅销，一时之间风头无两。

相比之下，毛相国的广告策略却始终不大奏效。这主要源于产品的目标用户群体不够明确，他以家庭作为切入点，把老、中、青、幼四个年龄段全都囊括为目标用户，整个市场十分松散，而杜国楹则主打学生市场，目标明确。此外，毛相国请的是某知名健美教练作为品牌代言人。当时该代言人正在北京月坛健康城担任健身操教练，随后还成立了自己的健身俱乐部，也因此成了北京健美行业的标杆。放眼整个 20 世纪 90 年代，健美操可谓风靡全国。这种集合了时尚与美体的运动形式让人们感到新奇且喜闻乐见，在央视热播的健身类节目“健美 5 分钟”也迅速火遍了大江南北。因此，从明星知名度和明星身份与产品的贴合度来看，选用知名健美教练作为矫姿带的代言人看似更加合适。但是，毛相国却忽略了一个最关键的问题，那就是消费者的痛点需求。对于本就松散、庞大的矫姿带目标用户群体来说，这样的广告是没办法刺激到他们，并让他们产生心理落差和消费欲望的。因此，毛相国的广告营销策略也就很难奏效。本以为明星代言人能够为品牌带来更多的关注和成交机会，但“英姿带”的销售情况并不乐观，并且和“背背佳”相去甚远。即便是在诸多企业都在借助广告的力量顺势腾飞的时候，这种一厢情愿式的宣传也还是没有办法真正让广告媒介发挥效力。

后来，在一些分析二者区别的财经类文章里，也有很多作者就毛、杜二人的广告策略进行了对比。不难发现，除了明星代言之外，杜国楹更尖锐的武器其实在于用心琢磨用户的消费痛点，找到了痛点，一切也就势如破竹了。

## 矫姿带市场争夺战

眼看着“背背佳”后来者居上，已经年过四十的毛相国再也坐不住了。就在矫姿带市场正如日中天的时候，1998 年 1 月的一天，英姿实业公司用一纸诉状将天津一品科技公司告上了法庭，起诉“背背佳”侵犯“英姿带”的专利权，要求天津一品科技公司停止生产其产品“背背佳”，并面对媒体公开道歉，赔偿英姿实业公司1400万元的经济损失。

乍一看这只是一起关于专利纠纷的案件，但在当时，这却是全国最大的民营高科技风险投资企业专利侵权案，一时间引起了全国多家媒体以及法律界的高度关注。然而，自上诉之日起，一直到 1999 年 6 月 29 日该案件在河南省郑州市中级人民法院开庭审理，中间竟然间隔了一年多的时间。

在这一年多悬而未决的日子里，无论是媒体，还是法律界、商界，都无不在展开着广泛的讨论。

在法律界看来，毛相国和杜国楹的商业纠纷已经不是国内第一例关于专利权的纠纷案件了。早在 1989 年，由上海交大昂立生物制品有限公司开发的保健品“昂立一号”口服液就迅速火遍了国内市场，利润非常丰厚。随后，曾经身为“昂立一号”地区代理商的吴炳新和吴思伟父子就迅速在山东老家以 30 万元人民币注册成立了三株实业有限公司，紧随其后推出了一款以双歧杆菌为主要成分的、号称长期服用对肠胃具有良好的保健功能的高科技生物制剂——三株口服液。尽管在配方和功能上基本没有差异，但身为后来者的三株口服液却显示出了其强大的生命力和营销攻势。一方面，三株实业有限公司以地毯式的广告在多家电视台对自家产品进行了狂轰滥炸式的宣传；另一方面，三株实业有限公司集中精力打入农村市场，并首创“专家义诊”的营销模式，为品牌在消费者群体中赢得了好感。这件事就发生在毛相国以 40 万元人民币购买“英姿带”专利权的 1994 年。

1998 年 1 月 20 日，原本是毛、杜一案开庭审理的日子，然而受到起诉的天津一品科技公司董事长杜国楹却在这时采取了行动。杜国楹先是在国家专利局投诉“英姿带”专利无效，随后状告“英姿带”第三代产品仿冒“背背佳”，并向英姿实业公司索赔 750 万元，新的诉讼导致该案被迫停审。

对此，相关专业人士认为，我国当时的法律制度对代理商与生产者之间的关系的具体条款，仍然限定在责任和权利的范围内，条款内容宽泛不清，因而使得厂家和代理商之间经常扯皮，各自的权利在法律层面很难有太多保障。

但对此案的诉讼，英姿实业公司的法律顾问何润华是比较自信的。“天津一品科技公司的侵权事实是清楚的、证据确凿的，虽然‘背背佳’产品的专利申请已经批了下来，但是中国的专利法规与‘背背佳’侵权是两个概念，这并不能证明‘背背佳’没有侵害‘英姿带’的专利权，这是一个很严肃的法律问题。”[1]

“我不可能再从银行求得贷款，原指望在‘英姿带’销售旺季卖掉产品、收回资金、推出新产品，现在看来不可能了！让我损失在郑

[1] 姚中福：《谁将会为这顿“午餐”买单？——“英姿带”状告“背背佳”侵权案的前前后后》，《市场经济导报》，2000 年 2 月 29 日。

州中院的官司拖延上，让我失败在别人的不正当竞争中，真是天理何在！”毛相国面对媒体，痛心疾首地说。在他看来，杜国楹此举无非是在拖延时间，并利用打时间差的方式，借助市场余温尽快低价倾销“背背佳”，转移资产。毛相国认为，正是这场官司的拖延使得矫姿带的市场遭到了严重破坏，英姿实业公司的800多名职工面临失业、300万元的贷款无力偿还。

一时间，孰是孰非众说纷纭。《中国经济时报》《中国商报》《经济日报》《中国工商报》《中国知识产权报》等多家主流媒体也开始对这场官司进行报道和评论，媒体的参与让更多的人开始关注此案。

不久，一篇题为《杜国楹现象的启示》的文章在《经济日报》上被刊发，文章指出：“杜国楹现象”不是开始也不是结束，在商业环境的驱使和诱惑下，经销商开办同类企业的可能性在以后也依然存在。文章呼吁经销商要对原创企业心存感激，对原创企业包括专利、商标等在内的知识产权和商业机密给予尊重。如此立场鲜明的文章立刻将杜国楹和“背背佳”推上了舆论的风口浪尖。

相比之下，《中国商报》的立场则相对中立，该报只是单辟了一块版面来刊发“英姿带”和“背背佳”的产品说明书，读者可通过这份说明书对比清单，自行了解两家公司的产品和整个事件的来龙去脉，从而形成自己的判断和立场。

遗憾的是，无论判定结果如何，都注定是一场两败俱伤的官司。1999年4月14日，关于杜国楹投诉“英姿带”专利无效一事，经过国家专利局复审委员会反复审理，最终裁决“英姿带”专利有效。1999年6月29日，这个悬而未决的案件也终于在郑州市中级人民法院开庭审理。在法庭审理过程中，天津一品科技公司坚持认为专利归属权的问题要看法院的判决，并再次重申“背背佳”产品有诸多改良之处。因此，“英姿带”一方并没有证据能够证明作为代理商的杜国楹因了解“英姿带”的商业机密而侵犯了“英姿带”的专利权。1999年8月，在“英姿带”的市场研讨会上，毛相国方再一次自信地宣布：“‘背背佳’很快就会被勒令停产。”直到2004年，关于“英姿带”和“背背佳”产品侵权案件的判决结果终于下来了，河南省郑州市中级人民法院判定杜国楹方赔偿毛相国方150万元，毛相国方赔偿杜国楹方750万元，不过据说这个判决至今都没有执行。

## 寒冬：保暖鞋带来暴风雪

“我用几年的时间坐了一个大过山车，上去、下来，貌似在那个时代上得很高，但是下也下到了海底，败得足够彻底。”说这话的时候，杜国楹已经不再是天津一品科技公司的董事长了。1998 年春节，这个只有 25 岁的亿万富翁回家过年，除夕夜，他给自己的父亲下跪磕头，说父亲从小到大的严格管教，让自己受益终身，他十分感谢严父的教育和对自己的高要求。此时，这个年轻的小伙子已经是名副其实的成功企业家了。但就像杜国楹自己所说，他当时其实正处于过山车的最高点，很快就将迎来一场彻底的跌落。

1998 年，刚刚成为亿万富翁的杜国楹转眼就成了一个官司缠身的年轻创业者，他和毛相国关于专利侵权的纠纷在坊间和媒体上被多方讨论和关注。此时，杜国楹开始低价倾销“背背佳”。然而雪上加霜的是，就在这个时候，关于“背背佳”可能并不能矫正驼背的质疑和负面新闻被纷纷爆出，“背背佳”产品的库存积压严重，经销商也纷纷上门催债。

关于“背背佳”到底能不能矫正驼背这件事，即便是在2000年以后，也依然被专家们强烈质疑。从现有资料可以看到，2006 年 10 月 30 日，成都《天府早报》曾经报道了这样一则新闻，大意如下：

从 2003 年至该新闻刊发前，成都市第三人民医院和成都市中小学生脊柱侧弯流行病调查小组先后对11万余名中小学生进行了初筛、普查。主要是对中小学生脊柱侧弯的状况进行一次细致深入的调查。

令人瞠目结舌的是，在这次近4年的普查中，专家根据普查数据震惊地发现，在11万名中小学生中，至少有30%的学生家长都认为通过穿戴“背背佳”可以有效矫正孩子驼背的问题。

但四川大学华西医院骨科副主任、博士生导师宋跃明教授却证实，在他接诊过的因脊柱侧弯而就诊的孩子当中，起码有五分之一的人都使用过“背背佳”。这也就说明，“背背佳”对于矫正学生的驼背是无效的。不仅如此，更有专家明确指出，如果没有医生的指导，盲目使用“背背佳”甚至可能延误病情，导致最后只能通过手术的方式解决脊柱侧弯的问题。

这条新闻还表示，对于“背背佳”是否能真的矫正驼背的质疑，其实从1998年开始就没有中断过。除了医学专家之外，媒体也曾多次对其产品功能提出质疑，其中有一条质疑尤其表明“背背佳”的宣传是经不起推敲的——“背背佳”未对产品进行过跟踪回访，既然如此，那么广告中声称的“近百万受益人群”的说法是从何而来呢？[1]

面对消费者和媒体的质疑，“背背佳”一边忙于侵权纠纷，另一边忙着低价销售，但整个行业此时已经开始呈现一种强弩之末的态势了。这时，无论是“背背佳”还是“英姿带”，似乎都陷入了十分尴尬的局面，矫姿带正在被市场抛弃。同时，在20世纪90年代，广告的大肆兴起也曾让很多财经人士感到无力和愤懑。为了打开销路，很多广告突破底线和原则，视消费者的智商如无物。这种营销手段让很多企业圈到了钱，但是很快，这些广告突破底线的行业也走向了快速

[1] 泽敏：《背背佳：自封的矫姿专家，纠正驼背没根据》，《商品与质量》，2006年第45期。

衰落甚至灭亡的命运。

为了扭转困局，不愿放弃的杜国楹顶着巨大的压力连续推出新产品，包括背背佳书包、护眼灯，以及和背背佳矫姿带结合的内衣等，但这几个项目却接连失败了。很多年以后，杜国楹回忆起当时的这段日子，他很坦诚地说："当时我也不调研，不问家长的意见，我也没有孩子。我对这些东西都缺乏理解、盲目自信。"二十多年前盲目自信且年轻气盛的杜国楹不愿意为自己的创业生涯按下暂停键，最终，他的第一次创业以新产品保暖鞋的惨淡收场而告终。

为了还债，屡战屡败的杜国楹推出了一款号称可以保暖几个小时的"保暖鞋"。这种鞋子的原理非常简单，就是在鞋里添加了需要用电池的保暖装置，他还曾经想把这些鞋子卖到冬季漫长的东三省。起初，杜国楹以这种保暖鞋能在 8 小时内，始终保持鞋内温度处于 40—50 摄氏度为卖点，在东三省打出了新的招牌。但这毕竟只是实验数据，杜国楹当时并没有经历过东北的严寒天气，并且这款功能特殊的鞋子也在当时遭到了很多人的嘲讽。但杜国楹不管这些，他的目标只有一个，就是用这个保暖鞋让自己快速翻盘、东山再起，打开新的市场销路，弥补"背背佳"带来的资金缺口——当时的他已经欠了经销商 2700 万元人民币。

然而，令杜国楹十分被动的是，这种保暖鞋并没有得到预期的反馈。在东北的户外环境下，这款鞋子差不多两个小时就不再保暖了。不仅如此，由于电池很容易就被踩坏，鞋子的保暖效果不稳定，导致退货率居高不下。不少经销商给杜国楹打电话反馈这件事，但是杜国楹不信，还带着保暖鞋专利权人从北京飞到了长春。在长春香格里拉饭店和卓展商场购物中心，杜国楹亲自试穿了这款保暖鞋，在楼下一圈一圈地走。当时还不是东北最冷的时候，室外温度差不多在零下 20 摄氏度左右。两个小时以后，电池果然没电了。可杜国楹还是不相信，就返回楼上换了一双刚充满电的鞋继续走，结果还是一样。

当时陪着杜国楹一起去长春的专利权人也慌了，只说是自己之前提供的实验数据不够严谨。杜国楹后来谈起这次经历，直言在那个年代这种个体发明人很多，想要追究法律责任是比较难的一件事。更何况一两百万的专利费，即便要回来也无济于事。就这样，本想借此机会增加现金流的杜国楹，却没承想这款保暖鞋竟给自己带来了真正的寒冬，六七千万元的货和前期的市场投入都一起亏了进去。

2001 年，彻底破产了的杜国楹，身边只剩下了一辆宝马车和 4600 万元的高额负债，还有一仓库装着电池的保暖鞋，和已经不再被人们信赖的“背背佳”。

## 跌落：28 岁亿万富豪的起落沉浮

在商界，尤其是在国内私营经济开始蓬勃发展的那几年，走上神坛和跌落深渊常常是一夜之间的事。当年的企业家们的起落沉浮，常给人一种“你方唱罢我登场”的悲怆之感。

在杜国楹被奉为营销鬼才之前的那几年，一个人的存在已经刷新了商业传奇，甚至一度成为媒体和政府的宠儿，以及青年大学生最崇拜的对象。时间来到 1998 年，在广东省珠海市香洲区银桦路南侧，一座正在建造中的大厦突然停工，曾立志要把它建设成“全国第一高楼”的史玉柱此时正因巨额负债逃离珠海，巨人大厦也因此被迫停工长达 24 年，几乎成了珠海市最年迈的烂尾楼盘。

史玉柱不顾实际地一再加高楼层，最终导致资金链断裂的前车之鉴本应让很多年轻的创业者引以为戒。但遗憾的是，有着相似的营销天赋、曾被奉为偶像的前辈的跌落，在当时并没有给盲目冒进的杜国楹敲响警钟。

后来，对于自己当年的决定，人到中年的杜国楹说：“那是一次如坐过山车一样的体验。”因和毛相国的官司纠纷，“背背佳”和整个矫姿带市场都在 1998 年后陷入了集体萎靡的阶段。年轻气盛的杜国楹没能及时刹车，继续大手笔投资广告，不顾实际地把所有精力和资金全都砸到了媒体上。这样的做法很快就迎来了他的创业“滑铁卢”，背水一战的孤勇在颠扑不破的商业定律里，再次以遗憾收场。无论是毛相国还是杜国楹，他们都不可回避的事实是，消费者对矫姿带是否有效的质疑和广告是否涉嫌虚假宣传的疑问，已经将“背背佳”及其他同类产品拒之门外了。此刻，无论是多么花哨、活泼的广告，都已经不再能打动消费者的心了。几乎一夜之间，这个才刚刚成为富翁的、不到 30 岁的年轻人就成了债务缠身的穷小子。

“我赚了第一个亿的时候，我觉得自己就是下一个李嘉诚，我觉得我无所不能，我一定会做得非常非常优秀。”在后来的采访中，杜国楹对自己当年的自负毫不遮掩。在那个年代、那个年纪，拥有那样的资产，这对一个从农村走出来的小伙子来说，会产生这样的想法并不奇怪。但商海的起落沉浮和变幻莫测还是让他再次回到了原点，甚至可以说比回到原点还要糟糕。“那是事业中最黑暗的时刻。”多年以后，杜国楹回想起那段时期仍然心有余悸。

有人问他，后来和保暖鞋的专利权人还有联系吗？杜国楹笑着说：“不联系，没联系，他深深地伤害了我。”

从长春回到北京以后，杜国楹开始给各地的经销商打电话叫停。因为此时，在沈阳市场又出现了保暖鞋中的碳纤维熔断的问题。杜国楹明白，保暖鞋再卖下去会出大问题。当时，保暖鞋的仓库地址在天津，全国各地的货全都被退回了天津仓库，几千万元成本的鞋子被当成废品卖掉了。不得不说，年轻的杜国楹在做产品的时候还是缺乏基本的试用和调研环节。尽管之前就已经有经销商给他反馈过产品存在的问题，但杜国楹说，当时的自己有些头脑发热，甚至有点狂妄，因此对很多建议是“想听就听，不想听就不听”。

当时知道杜国楹已经破产的人并不多，甚至连家里人都不知道，只有仍在销售产品但情况并不乐观的“背背佳”副总知道这件事。也是在他们身上，杜国楹感受到了人情冷暖。在他的回忆中，大概是在2001年的春节，杜国楹从北京开车去济南看望他当时的女朋友，此时活得也非常艰难的“背背佳”副总给杜国楹打电话说一定要和他见一面。在天津的外环线上，杜国楹见到了他，见了面杜国楹才知道，原来对方不过是想给他两瓶茅台酒和两条中华烟，希望他能好好过年。

为了给公司里的员工安心，杜国楹为普通员工保留了基本工资，而管理层的核心骨干则比较艰难，完全是靠着心理建设和他坚持下来的。“那个期间的同事，这20年过去，在我心里肯定都是分量很重的，经历过生与死，在最难的时候都没有离开我。”很多年以后，杜国楹非常感慨地说。

2001年，负债累累的杜国楹因为资金支撑不住，不得不回到老家河南，在郑州的一个居民区里领着几个留下来的核心骨干开始兜售医疗器械，靠着每个月的微薄利润还债。那段时间，他的手机24小时都保持开机状态，无论接到谁的电话，他都承诺这笔钱会尽快还上。

“所有的东西，只要能换成钱还账的我都变卖完了。心里还是非常非常不服气，所以我就留了一辆宝马车，坚决不卖。因为如果这辆车卖了，我所有的梦想也就等于都被放弃了。它在，就证明我内心还很强大。后来债还完了我才把这辆车卖了，去去晦气。”

虽然嘴上这么说，但当时那个坚决不卖宝马车、仍然盼着自己能够东山再起的创业老板，其实心里比谁都没底。最愁的时候，杜国楹的头上长了好几块像一块钱硬币那么大的斑秃。企业经营状况的急转直下并不在他的预料之内，巨额债务更是让他感到迷茫且无从下手。当时，北京最好的房子差不多一万块钱一平方米，一般的也就五六千每平方米，可见杜国楹的4600万元人民币的负债在当时的确是一笔难以想象的巨额债务。这些钱能否真的还上，还上以后自己要去做什么？这些问题都在他心里打着大大的问号。

高额的负债让杜国楹无暇顾及太多，28 岁的他和留下来的几个员工一起，大大小小的生意都做，只要能赚钱、只要能还债，这就是他当时唯一的目标。

第三章

# 好记星：直戳家长痛点

当千禧年的曙光照在辽阔的华北平原时，刚刚从矫姿带行业的过山车上下来的杜国楹正一边还债，一边思考着自己该怎么翻身。一次偶然的机会，杜国楹再次将目标关注到教育焦虑者身上，并投入了自己近 60 万元的全部家当，再次勇敢地进入一个自己还极为陌生的领域——学习机。短短几年过后，这个从身姿矫正产品起家而后跌落神坛，却在转入对“头脑的武装”后大获全胜的创业家，终于用自己在第二次创业中的盈利还清了 4600 万元的巨额债务，卖掉了那辆旧宝马车。当还完最后一笔债时，32 岁的杜国楹迎来了重回亿万富翁队列的传奇时刻。

## 偶然发现学习机市场

2001年，杜国楹的办公楼还租在北京CBD区域光华路上的和乔大厦。当时和乔大厦是那一片比较有名的写字楼，租金之高自不必说。破产以后，杜国楹因资金问题不得不搬迁到租金相对便宜的劲松大厦，300平方米的办公区就是他的新“战场”。但是很快，杜国楹就发现自己依然无力支撑昂贵的租金和人员费用。于是，杜国楹决定回到河南老家，和蒋宇飞等人在一个居民区里兜售医疗器械，以此赚钱还债。

蒋宇飞[1]是杜国楹在回老家后的创业路上和他并肩作战的人，也是“背背佳”的联合创始人。

蒋宇飞与杜国楹同岁，生于湖南，两个人在联合创立“背背佳”的时候，还都是初入商海的毛头小伙子，血气有余、谋略不足。2003年，在一次偶然的机会中，他们接触了一个全新的行业，正是这个行业使杜国楹再次翻了身。

关于对新商机的发现，媒体上说法不一。在对杜国楹本人的采访中，他曾提到自己在2003年春节期间的一次饭局。在那次饭局上，

[1] 蒋宇飞：1973年出生于湖南，现任壹人壹本公司总裁。“背背佳”“好记星”两大知名品牌联合创始人。2009年与杜国楹等联合创建北京壹人壹本信息科技有限公司，任公司总裁，全面负责公司市场及营销工作，是国内跨媒体营销的研究者及实践者，近十余年来一直活跃在市场营销第一线。

杜国楹的一个朋友拿了一台像传呼机一样的东西给他看，并告诉他，这个小小的机器是一个单词记忆机，对方甚至还提到了“艾宾浩斯记忆曲线”。“艾宾浩斯记忆曲线”又被称为“遗忘曲线”，是由德国心理学家艾宾浩斯（Hermann Ebbinghaus）研究发现的。该理论描述了人类大脑遗忘新事物的规律。研究表明，遗忘是从学习之后就立即开始的，但遗忘的进程并不均匀，最初遗忘速度很快，以后会逐渐变慢。如果能够掌握这条规律并加以利用，那么人的记忆能力是能够得到显著提升的。

在 21 世纪初，国内的心理学尚不发达，艾宾浩斯提出的记忆曲线在当时可以说是非常陌生、新颖的理论，这引起了杜国楹的兴趣。这位朋友还告诉他，这款单词记忆机把艾宾浩斯记忆法做成了一个程序，通过循环播放词库、不定期巩固记忆的方式帮助用户形成终身记忆，这就是杜国楹发现后来被称为电子词典的学习机器的开始。

但还有另一种说法是这样的，在 2003 年 2 月，出差途中的蒋宇飞从常州打车去往南京，在车上听说一款名叫“e 百分”的英语学习机在苏州卖得很好。正在寻求新创业机会的他，立刻让司机改变了路线，直奔苏州。3 天以后，蒋宇飞带着一台“e 百分”学习机回到了北京，和杜国楹一起再度创业。后来，蒋宇飞成为国内的资深营销专家，他不但具有极强的商业洞察力，对创新商业模式也有着高度的理解力。

关于杜国楹是怎么发现学习机这个市场的，媒体上说法不一，但可以肯定的是，新的机遇在 2003 年春节前后降临了。

当这两个年轻的门外汉决定进入一个正在高速发展的新兴行业的时候，令人意外的事情发生了——没钱没经验的他们居然继“背背佳”之后，再一次创造了新品牌的逆袭，创造了一个数码学习机的经典营销案例。

早在 20 世纪 80 年代末，随着国内数码技术的发展以及英语学习热潮的来袭，电子教育产品（E-Learning Products，以下简称 ELP）就已经开始在国内市场纷纷涌现了，而电子词典就是最先出现的便携式学习工具。那个时候，人们对便携的追求已经达到了一个新的高度，电子词典厂商凭借敏锐的嗅觉，开始利用有限的技术手段尝试着将印刷版辞书的内容转换成信息存储在芯片内，再将芯片植入设备，以此来实现人们对便携辞典的需求。

20 世纪 80 年代末，这种与手掌差不多大小的电子词典因其轻便易携带、查询快捷的优势，迅速博得了学生群体和社会人士的青睐。而后，多种大同小异的同类型产品开始在市场上出现，在那个年代，电子词典和其他同类型产品都成了新时代学生的学习利器。

1989 年，全球首部中英文电子词典“快译通 EC1000”在香港诞生，随后很快进入了更为广阔的大陆市场，并于 1990 年开始在深圳宝安建厂，开始自行生产。同年，台湾推出了第一台中英文“好易通”电脑辞典，并于 1990 年进入大陆市场。1991 年，第一台具有发声功能的中英文电子词典“快译通 EC3300”上市。1992 年，全球第一台英译中全句型翻译机“快译通 EC863A”上市。1994 年，电子词典首次加入中文手写识别功能……

由此可见，在整个 20 世纪 90 年代初期，ELP 行业的玩家都在乐此不疲地对产品功能进行更新迭代。从某种程度上来讲，人们的需求会随着技术的发展和行业日新月异的变化而慢慢提高，这种在便捷式数码技术设备中安装运行软件、提供学习内容的电子设备正在以让人应接不暇的速度推陈出新，几大厂商纷纷在广袤的大陆市场跑马圈地，都希望自己能坐上行业的头把交椅。商业竞争促进了技术的发展和产品的迭代，进而使行业内不断出现新的产品，而新产品的出现又极大地满足了人们对“便携、智能、高效学习”的需求。因而，电子学习机这类产品顺理成章地在短短几年内迅速在国内教育市场流行起来。

当时，国内最具代表性的三大电子词典品牌分别是来自香港的“快译通”、来自台湾的“好易通”和起源于内地的“文曲星”。在整个20世纪90年代，“快译通”“好易通”和“文曲星”在国内市场上形成了三足鼎立的局面，且三者各有侧重。其中，“快译通”和“好易通”长时间占据中高端市场，“文曲星”则以低价的优势盘踞在中低端市场，并一度占有了60%的市场份额。

进入21世纪后，电子词典迅速进入了发展的快车道。随着北京申奥成功、中国加入WTO，国内学习英语的热情持续高涨，对学习设备的需求量也开始暴增。据相关数据显示，在2001年，大陆市场的电子词典的市场容量已经达到了11.7亿元，2002年迅速飙升至15.8亿元[1]。2003年，电子词典在大陆市场的销售额更是达到了21亿元，创下了阶段性纪录。与此同时，国内电子教育设备市场又出现了新的品类，即数码学习机。

与电子词典相比，数码学习机整合了复读机、电子词典、MP3、电子书等几种产品的核心功能，具有网络下载、全真题库、权威词典、情景教学、同步教材讲解等多种功能，全面兼容了消费者更多的学习需求，成为人们青睐有加的新型电子学习工具。这种数码学习机起步于2000年，并在2003年后开始进入长足发展的阶段，而“e百分”就是其中的一个知名品牌。

2001年，以“打造国内英语学习工具第一品牌”为目标的上海荟能实业有限公司正式成立，并迅速推出了“e百分”数码学习机。那个时候，新品类的频繁出现导致了学习机市场鱼龙混杂的行业乱象，但“e百分”却有着极为突出的优势。一方面，“e百分”是国内唯一

[1] 吴劭年：《对电子教育产品（ELP）厂商大陆市场营销策略的研究》，复旦大学，2009年04月17日。

被列入国家级火炬计划[1]项目的电子助学工具，由国家教育部教学仪器研究所专项研发，在权威性和出身方面都给人一种更加可靠的感觉；另一方面，为了对产品进行大力宣传，“e 百分”请来了至今仍然备受年轻观众喜爱的某综艺主持人担任其品牌代言人。很快，人们的目光就从电子词典转移到“e 百分”学习机上了。

为了推动产品在国内市场的普及，奉行国家火炬计划的宗旨，上海荟能实业有限公司在第一时间推出了“e 百分 · 100 天学习英语无偿救助计划”，在全国范围内开展无偿救助活动，价值总共 1 亿元的 10 万台学习机就这样涌入了中小学生市场。这种大手笔的助学活动在当时的国内还极为罕见。很快，“e 百分”学习机就在学生家长的心里留下了好印象，此次助学活动为品牌赢得了良好的口碑。

为了推动消费，“e 百分”还采用了“非广告”的方式宣传产品。2003 年前后，上海荟能实业有限公司开始到全国各地走访，并在此期间拍摄了当地学生使用“e 百分”学习机的实录视频，录下了一段段孩子们拿着“e 百分”学习机欢呼呐喊的场面。这种让普通消费者走上屏幕、以消费者的身份“引导”和“教育”其他消费者的方式，就是当时非常流行的“实证广告”。而且当时很多厂商还发现，把广告拍得越不像广告，消费者越容易被影响。如果当时有人知道“软广”这个词，大概就会明白“e 百分”所采取的正是这种“无声胜有声”的“软广”宣传策略。在人们开始对“王婆卖瓜，自卖自夸”这种类型的广告感到厌倦和反感的时候，这种“王婆卖瓜不吆喝，但又让你

---

[1] 国家级火炬计划：一项发展中国高新技术产业的指导性计划，于 1988 年 8 月经中国政府批准，由科学技术部（原国家科委）组织实施。火炬计划的宗旨是：实施科教兴国战略，贯彻执行改革开放的总方针，发挥我国科技力量的优势和潜力，以市场为导向，促进高新技术成果商品化、高新技术商品产业化和高新技术产业国际化。

知道有个王婆在卖瓜"的新型战术则更加奏效。很快，"e 百分"学习机这条主打情怀、由使用者"代言"的视频，就在更大程度上激发了消费者的购买欲望。

杜国楹和蒋宇飞发现"e 百分"学习机的时候，正是国内学习机市场极为火爆的阶段，此时"e 百分"学习机也正在大卖特卖。毋庸置疑，在当时的教育背景下，像"e 百分"这种多功能便携式学习机的市场潜力巨大，那些曾是"背背佳"忠实用户的年轻父母，此时也还是教育焦虑者，而掌握一门外语正是当时的教育风潮。

随后，市场上开始陆续出现诺亚舟、步步高等电子学习机，数码学习机逐渐成为 ELP 市场的主力军，并进入强势发展阶段。2004 年，一款名叫"好记星"的产品也加入了这盘错综复杂的棋局。

## 包装：学习机华丽变身掌上电脑

2003 年，身负巨债的杜国楹迎来了自己的而立之年。30 岁的他，手机仍旧 24 小时开机，此时的他已经因太过愁苦而长出了斑秃。或许连他自己都不知道，2003 年的春天，他将东山再起。

杜国楹在老家待了两年，深感还债压力巨大，他需要一个像“背背佳”那样的产品让自己快速翻身。一次偶然的机会，他接触到了如手掌般大小的“e 百分”学习机，这让他看到了希望。2003 年 5 月，上海好记星数码科技有限公司正式成立，这是杜、蒋二人第二次联合创业。

业内一直流传的有关杜国楹和蒋宇飞的评价是：“这是两个善于把玻璃说成钻石的脑袋。”就在几年前，在杜国楹还没有债务缠身的时候，年少轻狂的他也曾这样评价过产品和营销之间的关系，他表示：“产品是道具，营销可以改变一切。底下是玻璃，我告诉你是钻石，那么你只要出钻石的钱，玻璃拿走跟我没关系。”

这一次，杜国楹需要再度发挥自己和蒋宇飞两人的营销天分，再做一次把玻璃说成钻石的尝试。和杜国楹相比，蒋宇飞可能更看重营销。几年来，这个曾在湖北几家报社做过新闻、广告，始终对写出漂亮的广告语感到得意和痴迷的男人，一直是公司负责市场营销的销售副总，对于如何运作一个品牌，蒋宇飞始终有其独到的见解。

多年以后，蒋宇飞在接受采访时谈到“背背佳”的衰落，仍然难掩遗憾。他说：“我们应该是超强的，如果我们坚持把品质做好，搞不好成就比今天大，‘背背佳’会成为最知名的童装品牌，最知名的书包品牌。”然而，机会已经没有了。

在第二次联合创业时，不管是杜国楹还是蒋宇飞，都在新的创业过程中总结了上次失败的经验，慎之又慎地调整着营销方式。很快，杜、蒋二人再次以“门外汉”的身份杀入了陌生的电子学习机行业。这一次，他们做的第一件事就是对产品进行包装。这两个失去了强大投资能力的创业者，必须依靠营销商战来帮助自己在“好易通”“文曲星”和“记易宝”三足鼎立的市场上夺取有限的生存空间。

当时，“好易通”作为ELP的行业先驱，坐落在高科技企业汇集的深圳“硅谷”——高新技术产业园内，并且拥有强大的电子词库。早在1997年，问世近十年的“好易通”就成为唯一内置牛津辞典的电子词典品牌，是当时集《牛津高阶英汉双解词典》《剑桥百科全书》和《现代汉语词典》三大权威辞书于一身的电子词典。

和“好易通”一样有着较长发展历史的，还有红极一时的“文曲星”。“文曲星”是北京金远见旗下的一个品牌。公司全称是北京金远见电脑技术有限公司，创始人是周至元。

周至元先后毕业于中国台湾（新竹）交通大学电子工程系、北京大学光华管理学院EMBA。1982年，周至元设计了全球第一块汉卡；1986年，他与同学创办了台湾远见科技；1992年，周至元只身来到北京，并于次年创立了北京金远见电脑技术有限公司。周至元用系统单芯片技术开发了低成本的“好易通”电子词典，在价格上比“快译通”便宜了近一半。因此，“好易通”一上市就迅速占领了中低端市场60%的份额。

相较之下，号称采用“DEMC”动态精确记忆法原理的电子词典“记易宝”却是行业新秀。1998 年，北京恒基伟业电子产品有限公司在国内掀起了一阵“商务通”热潮，让 PDA 市场在国内全面启动。2002 年，北京恒基伟业电子产品有限公司又花重金打造了号称采用了“DEMC”动态精确记忆法原理的“记易宝”，开创了国内电子词典进入 ELP 创新研发的先河。

如此看来，在群雄逐鹿的 ELP 市场中，杜、蒋二人想要突出重围另立门户，似乎难度很高。与矫姿带市场不同，即便当时电子词典和学习机的功能与现今的产品相比仍显单一，但毕竟是高新技术产业，而且多年来一直保持着相对良好的市场秩序，有着良性的行业发展空间。在这样的局势下，新的品牌必须有真材实料才能占有一席之地。因此，一向善于营销的杜、蒋二人在创业初期，决定把精力集中在产品包装上。

杜、蒋二人所看重的包装，并不局限于产品外观，而是全方位的包装。在产品命名和品类归属上，他们二人也表现出了自己的良苦用心。几年前，“背背佳”这个名字的诞生曾经耗费了杜国楹大量的时间和精力；同样，在决定闯入 ELP 行业之前，杜国楹做的第一件事就是为新品牌取一个让人一眼就能记住的好名字。

经过一番苦思冥想，杜国楹和蒋宇飞再出奇招。一方面，当时市面上已有的学习机不仅在产品功能方面大同小异，而且名字也极为相近，“快译通”和“好易通”就常常被消费者弄混；另一方面，这样的名字晦涩难懂，不看到字形很难理解字义，所以从某种程度上来讲，除非产品做得非常成功，否则很难给消费者留下深刻的印象。于是，杜国楹决定在当时正当红的三个学习机品牌中各取一个字，分别取“好易通”的“好”，“记易通”的“记”，和“文曲星”的“星”，顺理成章地组成了“好记星”这个名字。这个名字既朗朗上口，又贴近产品核心功能。

名字有了，接下来就到了正式杀入棋局的时候了。杜、蒋二人的发力点是把即将面市的学习机打造成听起来更加高端的“掌上学习电脑”。其实，早在北京恒基伟业电子产品有限公司在国内掀起“商务通”热潮的那三年里，以其为代表的掌上电脑企业就已经将 PDA 市场发展到了 20 亿的规模。2002 年，北京恒基伟业电子产品有限公司推出的重磅产品“记易宝”数码教育电脑也已经在国内学习机市场上率先打出了“掌上电脑”的招牌，但没过多久就夭折了。因此，“好记星”是当时少有的以“掌上学习电脑”为招牌的学习机产品，这个招牌立刻给新品牌镀了金身。

朗朗上口的名字和高端大气的产品品类定位，不仅让“好记星”有了被记住的可能性，更为关键的是，这种差异化的包装在某种程度上极大地拉开了“好记星”与其他同类产品的距离。远离学习机市场的战火纷争的杜国楹，一方面可以养精蓄锐，另一方面也帮消费者克服了选择困难症，间接地提高了产品的成交量。这也是整个 ELP 行业发展史中少有的同品类品牌的华丽变身，巧妙而又低调。

## 噱头："五维立体记忆法"诞生

在杜国楹初次接触电子词典的那个饭局上，他说自己当时就对这个产品感兴趣，但是也有质疑。首先，这个产品设定的场景是不对的。按照朋友的说法，根据艾宾浩斯记忆曲线的设计，这款电子词典需要不定时地提醒用户对单词进行重复记忆，但如果此时正好是用户不方便的时间呢？另外，当时市面上的同类产品大多都是用来查单词的，怎么才能提供一种更加科学的方法帮助用户记忆单词，才是打入市场的撒手锏。

杜国楹说："我开始学习电子产品。这个行业解决了词典的数字化问题，但是学英语的经历告诉我们，它仅仅是手段而已，最核心的需求是记忆，是要记住单词。这比当时的产品所比拼的词汇量更有价值。我们觉得记忆是可以把查询替代掉的。记忆是个更大的市场、更迫切的需求，但是没有被挖掘。"

在研究了"e 百分"和其他同类产品的功能以后，杜国楹发现了这个行业隐秘的需求缺口——记忆。杜国楹认为，中国当时拥有全世界最大的英语学习群体，对这些学习英语的"门外汉"来说，他们最急迫的需求只有一个——记单词。然而，即便是正处于持续发展阶段的行业知名品牌，也仍然存在很多功能上的缺失。其中，让杜国楹觉得最有发挥余地的，就是如何通过产品加强用户对单词的记忆，真正让学习机发挥学习而非查询的功能。他说："我顺着这个思路去找这类产品，发现市面上能找到的几乎都是电子词典，以查单词为主，但是没有一个比较科学的记忆法。查单词的目的是记忆，把单词记住才能真正帮助孩子学好英语。我们就想做这个产品，'好记星'一上来想做的就是学习机，而不是电子词典。"

于是，一向善于从消费者需求角度出发的杜国楹开始了对市场的精细划分和严谨、深入的市场调研。他将有英语学习需求的群体从广大消费者群体中摘取出来，并逐条罗列这部分群体可能会产生的需求。在杜国楹的初步判断基本得到了市场数据的证实以后，"好记星"正式进入了产品改良阶段——为每个单词配备若干记忆方法。

随后，决定孤注一掷的杜国楹东拼西凑了几十万元，连父亲的十几万元养老金也被他借来了。他开始批量生产"好记星"。2003 年下半年，"好记星"正式在市场上亮相，并高调推出了"单词王"功能，提出了"五维立体记忆法"。"五维立体记忆法"是指产品可以通过调动学习者眼、耳、口、手、脑的方式，实现"听、说、读、译"全方位练习，从而帮助使用者快速记住单词。"五维立体记忆法"宣称，使用好记星的消费者能在查完每个单词后立刻就记住。于是，记单词就成了这款学习机的最大卖点。对当时的消费者来说，"五维立体记忆法"十分新颖，因此很多人开始倾向于了解"好记星"和"单词王"功能。这个看似简单的、小范围的功能诉求，却十分完美地覆盖了广大的消费者群体。

有不少厂商认为"五维立体记忆法"不过是杜国楹为新品牌制造的一个噱头，只是为了吸引眼球罢了，并无实质性作用。但是，新秀"好记星"在一没资金、二没退路的窘境下迅速在业内扎了根，已经成为一个不争的事实。而且"好记星"还以其新颖独特的"五维立体记忆法"成为 ELP 行业的风向标企业。

不得不说，在抓住用户痛点的准确性上，杜国楹有着超乎常人的天分。“好记星”凭借“单词王”功能顺利打入了英语学习机市场，并持续畅销两年多，为其后来在电子学习机市场的强势地位奠定了基础。

接下来，“好记星”不断地完善其产品功能，先后开发出了好记星“听说王”“全能王”“同步课程王”等一系列英语学习产品[1]。

“听说王”的功能是建立在好记星独创的“双向互动听说法”的基础上的。在英语刚刚进入内地课堂和职场，并成为人们新接触的一门应试科目和新语种的教学环境下，很多人对听、说的练习是十分欠缺的。当时，除了李阳的《疯狂英语》之外，很少有人提及听和说对学习英语的重要性。

“双向互动听说法”宣称可以使对英语学习感到害羞和畏惧的广大学生彻底告别“哑巴英语”，真正实现“听得懂，说得清”的学习目标。相较之下，“全能王”的推出则更为全面。这一次，“好记星”将手写功能也融入其中，不仅极大地丰富了产品价值、延伸了用户体验，也为当时国内的英语学习方式带来了革命性的变革。

后来，以课文同步、单词同步、方法同步作为新标准的“好记星”又重磅推出了“同步课程王”的功能，重新定义了学习机应该涵盖的功能范围，在极大程度上满足了用户的应试需求，抓住了家长的心。

值得注意的是，在给产品功能做加法的过程中，杜国楹始终很有分寸。这个热爱创业、不怕失败的男人虽然在很多方面敢想敢做，但他始终信奉“尖刀理论”——在他看来，无论哪个行业，想要成为标杆和龙头，其竞争力不在于功能数量，而在于核心专长。对于消费者

[1] 潦寒：《好记星，中国人的英语立场》，《销售与市场（战略版）》，2009年03月10日。

来说，厂商对一个产品和行业的了解程度永远比消费者更多，如果一个产品没有核心专长，而只是林林总总地罗列了很多大大小小的功能，无疑是增加了不了解产品的消费者的负担，增加了消费者对产品的认知压力。不仅如此，这还会让人们在本就庞杂无序的信息和吵吵嚷嚷的广告中更加迷茫、更难做出购物决策。在这种情况下，人们是很难准确地挑选出更适合自己的产品的。

因此，在功能的丰富性上，杜国楹始终万变不离其宗。他认为一款产品想要抓住消费者的眼球，首先要以最集中、最切中要害的需求为核心竞争力，让消费者在选择时能精准地定位到自己身上。消费者一旦开始对某个产品有了倾向，成交的可能性就有了一半。

就在“好易通”“记易宝”“文曲星”等电子词典关于查询系统和词典版权的问题上争得你死我活的时候，杜国楹则另辟蹊径，一方面提升产品功能，另一方面始终主打被人们称为噱头的“记忆法”和“听说法”两大核心功能，迅速和竞品拉开了差距，并邀请当红外国笑星作为品牌代言人，增加了品牌知名度和国人对品牌的认可度。至此，“好记星”顺利完成了从名字到功能的全方位包装，为其成为行业黑马做足了准备。

## 破局：南北试点大获成功

杜国楹的野心是很大的，毕竟第二次创业的成败对他来说有着生死攸关的决定性意义。早在他决定要做学习机的那一天起，杜国楹就给自己定下了两个目标：一个是吃掉电子词典市场，另一个是吃掉复读机市场。

在杜国楹看来，眼前这个陌生的 ELP 行业有着庞大的消费群体和市场需求，目前市场上品牌林立、市场平稳有序，因此如何才能巧妙地切入市场是一个难题。但一旦切入，收益也是十分乐观的。

在 20 世纪八九十年代，ELP 行业几大先驱品牌的创业史大致如下。

1988 年，香港中文大学理学士、香港理工大学哲学博士谭伟豪和兄弟谭伟棠发明了全球第一台中英文电子词典“快译通”，并于同年创立了权智（国际）有限公司，成为中国内地 ELP 市场最早的开拓者。

1989 年，毕业于中国台湾海专轮机科的钱平宇和弟弟钱平国创立了英村科技有限公司，打造了“好易通”品牌，并于 1990 年进入内地市场。

1992 年 2 月，毕业于清华大学工程物理系并获得清华大学 EMBA 学位的许东在深圳创办了诺亚舟公司，以“打造围绕 NOAH 品牌的知识共享社区，成为中国教育辅助行业第一品牌”为愿景，成了 20 世纪 90 年代初期的市场新锐。

1993年，毕业于中国台湾（新竹）交通大学电子工程系、北京大学光华管理学院EMBA的周至元在北京创立了金远见公司，开创了“文曲星”品牌。

1995年9月18日，本科毕业于浙江大学无线电系、研究生毕业于中国人民大学经济系的段永平在广东东莞成立了广东步步高电子工业有限公司，并在短短几年内，迅速将“步步高”打造成了中国多媒体电脑学习机、无线电话、影碟机和复读机的领先品牌，蜚声全国。

1998年10月，毕业于北京航空航天大学的张征宇创办了北京恒基伟业电子产品有限公司，首创“小区域独家代理制”销售体系，令“商务通”获得了巨大成功……

放眼望去，整个20世纪八九十年代，在国内ELP市场上，创业者十分默契地组成了一个名校军团。与这些创业者相比，半路杀出的“好记星”创始人杜国楹既没有学科背景，也没有行业经验，是行业内最名不见经传的小人物。此时，如何破局成了“好记星”万事俱备后的第一步险棋。

这个时候，杜国楹想到了另一个军团——蒙派营销。在中国医药界，有一个被称为“蒙派营销”的内蒙古军团，自1988年开始就成了横扫千军的国内医疗保健品经典运营模式。蒙派策划人的第一场战役是从福建打响的，短短几年，“蒙派营销”就打造了数个亿万富翁，一时名声大噪。几年后，蒙派策划人张锦力以“狠、短、快、活、聚”为特点的营销手段又“制造”了4个亿万富翁，其中就包括婷美的周峰、张大宁的鲍洪升、好记星的杜国楹和青椿的陈科岐。

总体来说，对短期收益的看重使蒙派军团在广告上几乎不考虑对广告语的限制，怎么狠怎么说，在区域广告上更是狠打猛砸。在高手林立的ELP行业，杜国楹想要率先破局，只能依靠自己的优势去对抗对方的短板。当时，ELP行业已有的几大品牌纷纷在各大商厦设立了品牌专柜，不过在推广手段上都略有欠缺。要知道，常规的市场推广方式是很难在短时间内让产品销量有一个突破性的提升的。另外，由于大多数消费者并不了解品牌创始人的出身，因此“名校军团”也没有太多的名人效应，而此时的消费者常常会在几大品牌商的专柜前陷入选择困难症。事实上，对于大多数消费者来说，这几款学习机其实都大同小异，因此品牌忠诚度不高也是当时较为尴尬的现实状况。

杜国楹看到了自己与其他创始人的优势差异，也看到了“好记星”同其他竞品的差距。因此，这个“虚拟营销”的终极玩家再次在营销和 OEM 模式[1]上做起了文章。这也是他对自己上次创业经验的一次借鉴性尝试。

早在杜国楹创立“背背佳”的时候，就曾经尝试过 OEM 模式。所谓 OEM 模式，指的是品牌生产者不直接生产产品，而是利用自己掌握的核心技术，负责设计和开发新产品、控制销售渠道。这种模式不至于让杜国楹分散太多精力，从而可以让他把更多的时间和心思放到市场上。在这种模式下，杜国楹又成功地借鉴了“蒙派营销”惯用的手法——让广告语直戳家长的教育痛点。一句“孩子英语差，最痛父母心”不知道揪住了多少焦虑的父母的心；“一台‘好记星’，万腔父母情”更是引起了千万家长的高度共鸣。

2003 年 5 月，也就是“非典”刚刚结束的那个初夏，“好记星”开始在济南启动试点市场。时任上海好记星公司营销企划副总经理的蒋宇飞买下了数个当地最有影响力的报纸版面，先后在《济南时报》《齐鲁晚报》等纸媒上以“上软下硬”的广告模式投放了近 40 个整版版面。这种报纸整版投放的方式大多采用的是使用者自述的广告策略，很多

[1] OEM 模式：即原始设备制造商，也称为定点生产，俗称代工（生产）。

年以后，在带货兴起于国内市场的时候，想起“好记星”的这种营销手段，很多业内人士把它称为“最早的带货软文”。其中，《一台好记星，万千父母情》的模板广告就曾在全国范围内通行。一时间，本就对电子词典类产品毫不陌生的消费群体开始知道了“好记星”这个横空出世的新品牌。

为了避开战火，“好记星”始终把传播概念锁定在“学英语关键在于背单词”上，将品牌定位牢牢地明确在用来记单词的高科技电子学习机上，从而避开了和其他同类产品的功能交集。这种远离强敌、独辟蹊径的营销方法不仅让“好记星”拥有了更充裕的时间去抢占市场，也在独特、明晰的定位上给了消费者更深的印象和更多的期待。“好记星”推出的“五维立体记忆法”也是主打记单词的功能，这一功能给消费者带来了更多的价值感。精准定位和增值体验让人们更加信任“好记星”，差异化的打法也在一定程度上降低了消费者在进行购物选品时的决策成本。

产品定位和功能的差异化为“好记星”创造了宝贵的喘息时间，传播渠道的差异化也是南北试点大获成功的关键。参照蒙派营销，杜国楹想要用卖保健品的方式卖学习机。回顾国内保健品行业所经历的三个广告传播阶段，不难发现，媒体的传播方式也在不断更新。在周林频谱仪、哈慈杯和祝强降压仪等通过广播广告大获成功以后，各大厂商开始进入了一个利用电视广告“垃圾时间段”的新阶段。杜国楹的“背背佳”和北京恒基伟业的“商务通”就是这些厂商中的一分子，甚至还包括风行一时的哈慈五行针和著名的哈药集团。如今，广告营销又到了一个新阶段——整版报纸广告。

人们似乎没有预料到，21 世纪初期最有力的保健品宣传居然是一次从电视媒体到纸媒的回归。纸媒整版广告从 2002 年开始兴起，各大厂商屡试不爽。纸媒特有的长篇幅和大版面将用户的情感诉求烘托到了极致，只要模板广告的文案足够吸引人，引爆市场就是一夜之间的事。

通过大规模的广告和促销，2003 年 6 月 10 日，在不到一个月的时间里，“好记星”在济南的市场就进入了盈利阶段。北方试点的初战告捷给了杜国楹信心。同年 7 月，“好记星”开始在武汉露面。在这个有着悠久教育历史和几大名校的东部城市，“好记星”的用户群被缩小到了更加精确的范围——大学生。当时武汉是大学生最多的城市，为了让这个庞大的用户群快速了解“好记星”，“好记星”一次性购买了 150 家报纸的整版广告，而内容则以留学梦和升学梦为主题。像“清华‘好记星’，帮孩子快速提高英语成绩，立竿见影，让全家人梦想成真”这样的广告语，以铺天盖地之势席卷了整个武汉。第三天，“好记星”在武汉的市场也开始盈利。当月，“好记星”在武汉的销售额就突破了 400 万元。

2003 年 7 月底，“好记星”在全国市场全面铺开；至 2004 年，“好记星”的全国销售额已经达到了 5.5 个亿。截至 2005 年，“好记星”销售额突破 25 个亿，市场占有率高达 18.6%。至此，杜国楹 4600 万元的负债也因“好记星”的出色表现而被全部还清。

## 诘问：“好记星”，你在糊弄谁？

2005 年以后，“好记星”的市场表现仍然可圈可点，而其他几大同类品牌的市场争夺战也愈演愈烈。段永平一手打造的步步高早已于 2002 年 2 月被国家工商行政管理总局认定为“中国驰名商标”。2005 年 6 月，步步高又请来了知名艺人为其产品代言，并推出了“外语通”系列学习机。作为行业新锐的诺亚舟公司，在 2003 年便开始实施短期价格战，并成功斩获了 22% 的市场占有率。2004 年年底，诺亚舟公司又获得了荷兰霸菱 1.3 亿元人民币的注资，成为国内 ELP 行业有史以来最大的一笔融资交易[1]。

为了避开品牌林立的学习机主战场的炮火纷争，一向深谙取长补短之道的杜国楹再出奇招，将“好记星”的销售渠道转移到全国各大书店。那个时候，很多知名老品牌的专柜都在商场里，因此“好记星”进驻商场无疑是鸡蛋碰石头，但书店并不是传统 ELP 厂商的主要销售渠道。因此，进入书店、远离竞争对手的想法再一次给“好记星”的大卖创造了机会。短短两年的时间里，32 岁的杜国楹不仅无债一身轻，而且又传奇般地再次成为亿万富翁。杜国楹原以为这是另一个巅峰的

[1] 吴劭年：《对电子教育产品（ELP）厂商大陆市场营销策略的研究》，复旦大学，2009 年 4 月 17 日。

到来，没想到这个仓促面市的产品，却再一次于大获全胜后遭到了消费者的质疑。

正所谓“成也萧何，败也萧何”，率先向“好记星”发起挑战的并不是消费者，而是杜国楹曾经借以宣传产品的纸媒。

2004 年 9 月 3 日，《华东新闻》率先向“好记星”开火。在该报的第一版上，一篇题为《涉嫌虚假广告宣传，“好记星”你在糊弄谁？》的文章正式向“好记星”发出诘问。文章称，经多名消费者举报，“好记星”有虚假宣传的嫌疑。

其中，读者肖某称，自己一个月前在上海看到了“好记星”的广告后觉得很吸引人，便给读高中的儿子买了一台。不巧的是，肖某到北京和成都出差时，居然在当地看到了和上海一模一样的广告内容，甚至连广告实例中的人物长相、名字都一样，只是所在地不同。比较典型的是一个叫“程明军”的案例，此人多次出现在“好记星”全国各地的广告版面上，除了出生地一会儿从四川变成宁波，又从宁波变成上海以外，其他所有内容包括照片都是一模一样的。

《华东新闻》的记者查阅了其他几家报纸，发现的确如肖某所说，在各地刊登过“好记星”广告的报纸上，都有一篇题为《高中梦、大学梦、求职梦、出国梦——英语粉碎了多少望子成龙梦》的文章，整版广告被诸如“梦想，沉甸甸……”“宁波，上万名家长为孩子英语学习欢呼”“妈，我一定考上大学报答您”“好记星，凭啥这么神！”“有了好记星，孩子学英语我就放心了”这样的小标题切碎，每个小板块里都穿插着几张消费者开心不已的照片，细看内容会发现，这些文章的雷同程度更高。在成都某报上，记者看到这样一段话：“截至 7 月 20 日，好记星成都办事处共收到信件及电话 17867 件次，3000 多封信和 10000 多个电话，记录了成都家长们的疑惑、焦虑和喜悦。”在无锡和上海的报纸上，这段话被高度复刻，唯一不同的是“成都办事处”先后变成了“无锡办事处”和“上海办事处”，但信件数量和电话数量则惊人的一致。更加荒谬的是，在“跟踪报道”的板块下，“好记星”选取的这些跟踪对象不仅名字始终不变，就连家长对喜悦之情的表达都如出一辙。每个人都说：“孩子学英语，我不懂，可‘好记星’懂，孩子进步真是大。”这句话先后被“北京妈妈”“成都妈妈”和“上海妈妈”一遍遍地重复着。广告内容的高度雷同引起了细心消费者的质疑。

随后，《华东新闻》的记者给“好记星”在全国各地的几个咨询订购热线和北京营销中心打电话询问此事，接线员的答复也十分一致，均表示“广告上的实例都是真实的”。

但无论如何，不可否认的是，此后关于“好记星”涉及虚假宣传的质疑声从未间断。不过由于其前期的广告影响力是巨大的，因此还是有很多消费者对“好记星”广告的真实性存疑一事并不知情。

此前，为了通过广告完成对消费者一步到位的引导，在“好记星”的整版广告的结尾处，还写了“好记星”详细的销售地址，很多消费者会直接按照地址找到柜台，其他竞争类品牌因此失去了拦截客户的机会，消费者也失去了对比同类产品的机会。正是这种营销策略让“好记星”的成交率长期居高不下。

在上海浦东的专柜柜台前，《华东新闻》的记者采访了几个带着孩子来买“好记星”的家长，几乎所有人都说是因为看了广告才知道这款产品的。同时，在 20 世纪 90 年代红遍中国的加拿大明星的代言也令很多家长心动。在前文提到的那篇各地高度雷同的整版广告上，该外国明星手持“好记星”的照片被以相对较大的尺寸放在了文章右下角最为显眼的位置上，照片下方赫然写着“学英语，××× 推荐好记星”。一款由外国人代言的英语学习机在当时来看比国内明星的代言更有说服力。

虽然受到质疑，一直到2005年，“好记星”的市场影响力依然不容小觑。当时，原有的电子词典知名品牌开始被学习机这个新品类的出现大幅度挤占生存空间，曾是行业先驱的香港“快译通”至今仍然是全球最大的电子词典及掌上信息电子产品供货商，在全球超过25个国家及地区销售。但是自2003年以后，“快译通”在内地市场就频受冲击，占有率一路走低，此时已彻底退出内地市场。以低价盘踞中低端市场、垄断行业多年的“文曲星”也于2002年开始逐渐没落。众多低端同类产品涌入市场后，价格优势不再的“文曲星”被迫失去了其在中低端市场的领先地位。名校军团的相继退出让ELP市场开始呈现新的瓜分局面，原本以“e百分”为竞品的“好记星”此时的竞争对手已经转向了实力更加雄厚的步步高和诺亚舟了。

在广告投放方面，曾经因创立了“小霸王”学习机而闻名全国的段永平，在第二个品牌“步步高”的宣传上始终坚持“营销三板斧”的策略，坚持在央视高举广告投放的大旗，同时支持二三级市场的发展。而诺亚舟则在“央视品牌+省级卫视小专题+整版平面广告”的模式中逐渐放弃了平面广告，开始以户外广告的模式做辅助。“好记星”则是利用央视广告和全国电视购物卫视的联动，配合平面广告的宣传，在投放力度和广告频次上下了大力气。

然而，在没有真相的营销背后，行业的购买和使用正在发生混乱，家长已经被眼花缭乱的广告弄昏了头，新技术和网络的发展也迫使学习机市场开始呈现走低的态势。行业前辈的先例和当前的行业发展局面摆在眼前，杜国楹此时一定知道，继续这样下去，不仅宣传的战火迟早会烧到自己身上，而且终有一天将和其他老牌厂商一样惨淡收场。

同实力雄厚却依然备受冲击的传统品牌相比，“好记星”既没有自己的工厂，消费者口碑开始出现负面效应的短板也一直没有得到弥补。想要“背背佳”的悲剧不再重演，广告已经不是唯一的法宝了，“好记星”接下来该何去何从，应该从长计议了。

## 投靠：“带资进组”橡果国际

在媒体穷追不舍地逼问和消费者的迷茫困顿中，2005 年成为杜国楹创业史上的一个小小转折点。那一年，诺亚舟首次提出了“网络学习机”的概念，并于 2006 年以 23% 的市场占有率荣登 ELP 行业排名首位。在这个典型的“快鱼吃慢鱼，速度战胜规模”的行业里，杜国楹必须尽快做出决策，保住“好记星”的行业地位。

在他看来，“好记星”仍然有着非常巨大的市场潜力，ELP 行业也依然有着庞大的用户群体。根据网大公司于 2001 年进行的一次调查可以发现，当时在国内消费者心中排名前三位的英语学习内容分别是大学英语、出国英语和考研英语，而自学竟然名列英语学习途径的首位。因此，英语学习机自然而然地成了这个消费群体的宠儿。如何让“好记星”翻红成了杜国楹思考的关键问题，也是问题的关键。

这个时候，一档红遍了祖国大江南北的选秀节目《超级女声》的出现给了杜国楹新的灵感。当时，很多心怀梦想的女孩子纷纷报名参赛，节目在中国内地的首播就引起了很大的轰动。《超级女声》大概是中国歌唱类选秀节目的先驱，很多青少年对此痴迷不已，直到今天，因《超级女声》出道的几位女歌星依然是很多年轻人的偶像。

这档选秀节目的火爆不仅让电视观众认识了一群青春靓丽的女孩子，其全程赞助商橡果国际也给很多人留下了深刻的印象。

橡果国际成立于 1998 年，是一家主要从事产品研发、生产、营销策略、商品零售等业务的大型技工贸一体化企业。橡果国际以电视、网络等多种媒体为推广手段，成功创立了多媒体商业推广平台，是 21 世纪以后电视购物的霸主。

2000 年，橡果国际的节目开始在 6 个电视频道播出；2001 年，橡果国际开始推出消费类电子产品系列；2002 年，橡果国际开始推出汽车产品，并于同年成为国际电子零售协会会员。2003 年，行业发展大势让包括杜国楹在内的很多创业者走进了 ELP 行业的队列里，橡果国际也在这一年推出了电子教育类产品系列，其节目在 29 个电视频道同时播出。电视直销业务大幅度展开，凡是橡果国际旗下的品牌，市场规模都在迅速增长，橡果国际无疑是电视购物的先驱。

时间很快就来到了“好记星”陷入舆论旋涡的 2005 年。此时的“好记星”仍然是央视电子类产品的广告标王，但媒体关于其虚假宣传的质疑则敲了一次警钟，为了尽快在产品质量和口碑上有所提升，2005 年 3 月，“好记星”收购了中山名人电脑科技公司研发中心的北京分部，正式成立了自己的研发中心，其商业短板也在一定程度上得到了弥补。同年 4 月，“好记星”又在深圳组建了生产中心，使其正式成为一家集产品研发、生产和营销为一体的教育产品高科技公司。

2005 年，电视营销霸主橡果国际正式并购“好记星”和“背背佳”两大品牌，并斥资 1.5 亿元在央视投放“好记星”广告，一度使其销量达到了 120 万台，销售额近 6 亿元。同年，杜国楹出任橡果国际副总裁，并在接受采访时这样形容橡果国际未来的发展方向：“严格来说要从两个层面讲，橡果国际更多的是一个平台公司，是一个销售平台，是新产品、新服务的推广平台。在推广的过程中做到了直销和分销的互动，这是我们最大的特色。其他电视购物公司也是平台公司，但是它们仅仅局限于空中的平台，橡果国际还有一个地面分销的平台。”可见，橡果国际不仅利用电视购物的渠道推广产品，还利用地面分销提升产品的销售和整体价值。

对 2005 年《超级女声》唱游中国巡回演唱会的全程赞助，使橡果国际名声大噪，其旗下品牌也备受消费者追捧。那一年，备受关注的 2005 年中国艾菲奖[1]评审结果在西安揭晓，在众多备选广告片中，同蒙牛的《酸酸甜甜就是我》以及可口可乐（中国）公司的雅典奥运推广案一同脱颖而出的，还有“好记星”的《心有大未来》。这不仅是整个 ELP 行业的首部形象宣传片，也是中国 ELP 企业首次成功入选并获得艾菲奖金奖，这成为当年评审的一大亮点，备受多方关注。

谈到“背背佳”和“好记星”以及其他旗下知名品牌，橡果国际的 CEO 胡煜君表示，合作伙伴如果是以研发和生产为优势，那么橡果国际的优势就是市场和推广，双方的联合是一种共赢的合作模式。因此，对品牌的成功运作是合作的目标和底线。在刚刚收购“好记星”和“背背佳”的那几年里，这两个由杜国楹一手打造的行业标杆品牌一度成为橡果国际的主打产品。

借着《超级女声》在全国巡回演出的机会，已经使橡果国际旗下品牌的“好记星”拥有了得天独厚的宣传优势，在业内率先掀起了产品普及风暴。橡果国际为其策划的事件营销让“好记星”成功蹭到了当时的娱乐热点，这也是国内品牌首次与大型推广活动相结合进行广告宣传的经典案例。深挖节目热点、与产品相结合的市场攻势持续了两个月之久，在 2005 年的那个夏天，人们被另一种广告营销模式淹

[1] 艾菲奖（EFFIE AWARDS）：创立于 1968 年，是纽约美国营销协会为表彰每年度投放广告达到目标，并获得优异成绩的广告主、广告公司所专门设置的特别广告奖项。自创立以来，艾菲奖已经在全世界 15 个国家广泛设立，是目前世界上唯一的以广告效果为主要评审依据的权威广告奖项。

没了。这一年总算是平稳地过去了。

2006 年年底，蓄势待发的“好记星”与韩国知名工业设计公司合作，推出了可旋转机身的彩屏机。新颖的外观设计高度迎合了以学生为核心的年轻消费群体的审美和追求，更为关键的是，这次的更新迭代由于硬件和工业设计的大幅创新，使得“好记星”的价格也迈上了一个新的阶梯。

紧随其后的是，为了保住行业领头企业的交椅，“好记星”先后买断了《色拉英语》《空中英语课堂》等 11 本牛津词典，内容的独占性增加了其产品的价值和竞争力。2007 年，橡果国际收购了名人电子科技，并在美国纽约证券交易所上市。如此看来，杜国楹“带资进组”的决定颇有一种“背靠大树好乘凉”的味道。

2006 年下半年，在 ELP 行业内，几大老牌厂商已经在一片硝烟四起中退居幕后，而“步步高”则步步紧逼。眼看着新品牌逐渐壮大，“步步高”在国内聘请了 1000 多名专业技师，成立了 300 多家售后服务点以及 3000 多家连锁下载中心，将产品的服务从售中延伸到了售后，圈了很大一波好感。另一边，“诺亚舟”正在利用性价比优势对中低端市场进行疯狂蚕食，一度使中低端市场的老牌产品“文曲星”亏损超过一亿元。在这种你方唱罢我登场、销售策略各有差异的竞争环境下，2006 年逐渐形成了以几大明星为代言人、以“好记星”“诺亚舟”“步步高”为代表的新的市场格局。一场营销商战让这个 20 年前仍然是一片蓝海的新兴行业迎来了行业诞生后的第一次新的势力格局划分，同时迎来了一个相对稳定的群雄竞相逐鹿的新时期。

第四章

# E 人 E 本：让高端人士移动办公

“在别人眼里，这些是我一次次创业的成功，在我自己心里，这是一次次梦想的破灭。没有人生下一个孩子是为了卖孩子，每个项目都是我的孩子。最后没办法，因为各种各样的原因，我们做出卖的选择。”2013 年 1 月，红极一时的 E 人 E 本被清华同方以 14 亿元并购，在这场交易中，杜国楹个人净赚 7 个亿。这笔轰动一时的巨额交易，也宣告了杜国楹第三次创业的落幕。

## 与 iPad 狭路相逢

用杜国楹的话说："整个形势在那一年里翻天覆地。"他所说的那一年就是 2009 年下半年到 2010 年上半年。2010 年元旦刚过，"E人 E 本"电子记事本于 1 月 7 日正式发布。不到一个月，早在 2000 年便已经成为苹果内部秘密项目的"iPad"，在研发、更新迭代了数次后，于同年 1 月 27 日正式发布。两个品牌的发布时间前后仅仅差了 20 天，杜国楹的第三次创业和苹果公司推出的新品正好撞了个正着，可谓狭路相逢。

第三次创业，杜国楹开始寄希望于做一款别人没有做过的产品，这是他的新起点。这一次，杜国楹把目光从校园转向了职场，转变的原因主要有两点，一是杜、蒋二人发现了新的市场需求；二是源于杜国楹本人记笔记的习惯。

"70 后"的杜国楹有着比较顽固的手写办公习惯，但纸质笔记本既不好保存也不方便携带，且容量有限，这使杜国楹产生了这样一个想法：如果能把笔记本也变成电子的、便携的产品，会有怎样的市场反响呢？于是，他将第三次创业的目标用户瞄准了"60 后"的政商人群。

在那个极度渴望成功的年代，"商务精英""成功人士"等标签开始被年轻人追捧，"60 后"是当时"成功人士"的主力军，相较于其他年龄段的人，"60 后"有着更强的消费能力，且他们和杜国楹一样，都有着比较顽固的、难以更改的手写使用习惯。在“80后”“90后”对触摸输入感到新奇并疯狂追捧的环境里，这群不愿意改变书写习惯却又需要一种便携、高效的记录方式的主流精英，正在等待一款更加适配的产品的到来。杜国楹的这个发现催生了“电子记事本”的诞生。

杜国楹说：“这个想法早在2004年、2005年就有了，但是墨水屏的技术不太成熟，就没有实施。即使到后来要实施的那一天也不成熟，但不愿意再等了。”

2007年，橡果国际收购了名人电子科技，同年，橡果国际在纽交所上市，备受瞩目。此时的杜国楹和蒋宇飞希望能高薪聘请一些研发和管理人员对产品进行升级打造，这个想法被橡果国际驳回了。一贯以电视购物为主的橡果国际对杜、蒋二人的想法并不感兴趣，甚至觉得这是个不靠谱的想法，自此双方产生了经营理念的分歧。

分歧产生后不久，蒋宇飞率先离开了橡果国际，而此时的杜国楹正在筹备一款被称为“电子记事本”的新产品。据传，当时蒋宇飞的提前离职，也是在为这款新产品做准备。

当时的国内市场环境还是PC端和笔记本电脑当道，2008年2月19日，苹果发布了第一代Mac Book Air，成为当时最轻薄的笔记本电脑。“电子记事本”的概念在国内消费者群体中还是一个比较新鲜的、陌生的叫法。

很多人都觉得杜国楹这一次锁定的新目标用户群太小众，未必能取得成功。然而，杜国楹却有着截然不同的看法：“这一年龄层的人接受新事物慢是事实，但我认为小即是大，把小众的客户做好同样会有大回报。‘E人E本’有着明确的定位和目标，我们也非常清楚给产品定位也就意味着要放弃一部分客户。此外，手写在未来的平板电脑上还会是一种刚性需求，不会泯灭，现在缺少的只是怎么将产品做细、做好，把用户的体验放到第一位。”

这次创业，杜国楹汲取了前两次的经验，不再那么盲目、冒进，他坦言：“这一次比破产之前那几次要慎重多了。”关于如何做好产品，如何在市场里做小规模验证，他都有了更加深入和全面的考量。在坚定了做一个“电子记事本”的想法以后，杜国楹自己出钱做了一些样板，并在小规模范围内进行产品测试，但效果都不尽如人意。杜国楹希望，这次创业首先应该通过小规模的测试数据找到产品需要改进的地方，并把整个商业的小闭环走通，然后再进入大规模生产研发阶段。

看起来，这次创业的确比前两次都更加慎重，但杜国楹不知道的是，此时在大洋彼岸，在北美洲的某个办公大楼里，一个名叫史蒂夫·乔布斯的男人也在研发一款极为相似的产品——iPad。不久之后，这款产品迅速风靡全球，成了电子产品行业中消费者的新宠，甚至是一种时尚。

到了2010年前后，市场上其实已经有三类产品在竞争，即平板电脑、iPad和杜国楹想要做的“电子记事本”——E人E本。后来，人们常常把iPad、E人E本和平板电脑的概念相互混淆，用户和消费者更是分不清这三类产品的区别。

其实早在20世纪末，平板电脑的概念就已经诞生了，但是在国内，这种形态的电子产品还没有出现。据《大参考》创办人李易的数据及其他相关信息指出：1989年9月，GRiD Systems公司就成功制造了第一台商业化平板电脑，并命名为GRiD Pad。1992年，比尔·盖茨推出了微软Windows for Pen，1994年被淘汰。1996年4月，Palm研制出第一款成功应用的触笔式电脑。1997年11月，“甲骨文”开始研究平板技术。不过由于技术方面的限制，平板电脑真正意义上的商业化其实要从微软的“NET战略”发布会算起。2000年6月，微软在“NET战略”发布会上首次对外展示了仍处于开发阶段的Tablet PC。2002年5月，比尔·盖茨带着150台平板电脑参加微软年度

CEO 峰会。2002 年 8 月，平板电脑软件开始向电脑制造商开放，同年 11 月，平板电脑正式上市[1]。

由此可见，整个平板电脑的发展历史要比杜国楹眼下想要研发的电子记事本产品悠久得多。而 iPad 和平板电脑的区别在于，平板电脑最少是 X86 架构，iPad 则基于 ARM 架构，无法兼容普通 PC 台式机和笔记本程序。因此，乔布斯在 iPad 上市时就事先严明："iPad 不是平板电脑。"同样地，在品类归属方面，E 人 E 本首席运营官方礼勇也曾在接受采访时表示："我们更乐意接受被称为移动终端，这也是 E 人 E 本诞生的初衷，后来果然也得到了业界的认同。这是一个上万亿人民币的市场，将在 5 年后超过 PC 端。"

[1] 章勇：《新锐 E 人 E 本超越平板电脑的中国式"图谋"》，《中国科技财富》，2010 年 8 月 8 日。

## E 人 E 本的新式营销

在谈到 E 人 E 本的创业经历时，有媒体曾经问过杜国楹对这款新产品有什么设想？杜国楹说，E 人 E 本这个名字本身就野心十足。

据统计，E 人 E 本上市不到半年，产品销量就飙升到了 3 万台。不过，对于有着“一人一本”野心的杜国楹来说，3 万台的销量并没有达到他最初的预期。与前两次创业相比，杜国楹认为 E 人 E 本还可以做得更好，尤其是在产品营销方面。

据当时山西、福建两省的总代理商马明宅回忆，当时 E 人 E 本所采取的推销方式仍然是报纸整版广告，好记星时代的成功经验让蒋宇飞认为 E 人 E 本也可以借此打动消费者。然而，广告打出去以后，市场反馈极其尴尬。

首先，打电话来咨询产品的人五花八门，从商务人士到普通上班族，甚至是看门大爷，都对这款产品表示好奇，但他们都不是 E 人 E 本的目标用户或潜在用户，高昂的产品价格让很多来电咨询的人望而却步。“大部分人一听到价格，就把电话挂了。”其次，纸媒广告并没有如预期那样吸引到目标用户。马明宅说：“福建的一些高端商务人群说他们很少看《海峡都市报》，中间的广告也一翻就过去了。”最后，杜国楹这次瞄准的目标用户群是“60 后”，他们人生阅历丰富，在选择一款产品时，要比长时间处于教育焦虑状态下的家长和有着消费冲动的年轻人更理智。

杜国楹或许还没有意识到，好记星的宣传模式并不是通用的，产品品类和用户群体的差异在很大程度上决定了哪一种宣传方式会更加奏效。实际上，早在几年前，杜国楹等人就对此有所领悟。2004年，在一个广告竞标会上，从汉卡起家到因脑白金闻名全国的史玉柱遇到了蒋宇飞，脱口就问："你们的整版广告还有效吗？"在蒋宇飞看来，史玉柱的这个疑问说明了两个问题，一是史玉柱很可能在研究他们的营销手段，至少对他们是极为关注的；二是史玉柱的整版广告已经失效了。几年后，E人E本的纸媒宣传失效让杜国楹和蒋宇飞感到有点意外，但早在几年前，纸媒的衰落已经预示了这种可能性。

雪上加霜的是，继首战营销失利后，iPad的发布让杜国楹的心情更加复杂。他必须在短时间内尽快想出办法，让E人E本占据到属于自己的市场份额，获得喘息的空间。他说："我大概在一个月之内就做了决定，因为iPad发布完，一般国内能买到就是三个月之后，到时候我连发声的机会都没有，(消费者)整个讨论的热点全都在iPad上。"这时，一部电影的热映给他提供了新的思路。

2010年，《非诚勿扰2》在中国大陆上映，票房一路飙升，杜国楹忽然想到，可以拍摄一条电视广告。于是他便请这部正在热映中的电影导演和男一号来做E人E本的代言人，并借着电影热度进行广告投放。在此之前，杜国楹也请过IT界和其他知名企业家来做品牌代言人，但都没有成功。尽管2009年7月，联想领投了E人E本，但产品代言人这件事始终没有谈妥。

对E人E本来说，在iPad表现十分强势的当下，企业要想存活下去，最关键的一步就是尽快提升消费者对品牌的认知，否则将会面临更大的风险。《非诚勿扰2》的导演和男一号在当时有着很大的热度，并且二人多年来在国内一直有着很高的知名度和观众缘，如果让这对黄金搭档联手打造一部关于 E 人 E 本的广告大片，一定会产生让人意想不到的效果。

2011 年 9 月 19 日，E 人 E 本官方正式对外宣布，《非诚勿扰 2》的导演和男一号已与公司签约，成为 E 人 E 本发布后的第一代代言人。同年国庆节前后，两人一手拿着 E 人 E 本，一手拿着配套手写笔，端坐在两张椅子上用手写笔指向位于两人中间的 E 人 E 本虚拟图的广告开始在各大媒体出现。这一次，两人一改往日的着装风格，一个穿上了白衬衫配黑色中山装，另一个是白衬衫配西服领带，商业人士范儿十足，让人在新造型和既往印象的反差中感受不一样的趣味，广告一经播出便大获成功，E 人 E 本产品的销量一路飙升。

根据相关数据显示，2010 年，E 人 E 本的销量突破了 16 亿人民币；2011 年，代言人和广告的助力顺利让 E 人 E 本向国内商务平板电脑排名第一的宝座猛冲。根据易观 2012 年第四季度中国商务平板电脑市场份额的数据，2012 年，E 人 E 本同行业排名第一，市场占比 41.9%，排名第二的三星，市场占比 21%，华硕占比 6.6%，联想则只占 4.5%。

这种压倒性的优势让 E 人 E 本成为行业内备受瞩目的品牌，很多媒体开始对公司相关负责人进行采访和报道。在对 E 人 E 本 COO 方礼勇的采访中，一场关于代言人选择的发言再次把大众的目光转移到了 E 人 E 本最引以为傲的独有功能——原笔迹书写上。

当时 E 人 E 本 T2 新品已经发布，新的产品在原笔迹手写技术的基础上，又开发了一款完整的、被称为“Mind Office”的智慧办公系统，这套系统的功能比较丰富，包括智慧邮件（Mind Mail）、智慧名片（Mind Card）、智慧记事（Mind Note）、智慧阅读（Mind Read）和智慧上网（Mind Net）五大功能。其中，智慧邮件是 E 人 E 本特有的手写邮件，分为撰写、回复和批示几个步骤；智慧记事则是对原笔迹手写的一次最大化的发挥，同时辅以标签、分类检索等功能。

新功能的加持和产品功能的差异性，使 E 人 E 本从 2010 年正式发布到 2012 年年底，短短三年就顺利突破了 45 万台的销售大关。这是杜国楹又一次打造爆品的传奇经历。

## 战略：顺从消费者的使用习惯

从杜国楹的几个经典创业案例可以看到，不管行业和市场环境怎么变，杜国楹都会把消费者的使用习惯放在首位。在他的商战策略中，一直有这样一个信条，即商业规则和用户使用习惯是很难被改变的，甚至是颠扑不破的。因此，和其他人相比，他是一个更愿意尊重用户使用习惯的创业者。

2009年，在“60后”顽固的书写习惯面前，杜国楹对同行业产品的输入模式展开了充分的调研，当时的输入模式无外乎三种：键盘输入、手写输入和触屏输入。对于E人E本的用户来说，大部分人是习惯手写输入的。杜国楹认为：“中国用户，尤其是高端商政用户，对笔的使用习惯是很顽固的，同时，对计算机信息处理的需求也很强烈。但是这群人打字输入很慢。因此，需要有一款产品为他们解决好信息输入、分享和交流的问题。”

杜国楹这种对用户使用习惯表现出高度尊重的理念，在今天也是非常少见的。除了尊重用户的使用习惯之外，在E人E本的研发过程中，杜国楹还表现出了对东方文化的坚守和保护。计算机作为西方的发明，一直让国人浸染在这种克服自身习惯去顺应产品使用方式的逻辑链条里。杜国楹希望打破这种奇怪的现象，抑或为自己的目标用户提供一种新的可能，不再让这些企业的中坚力量继续在办公场景中陷入“打字一指禅”的尴尬，他甚至表示，弘扬中华书写文化是E人E本一直以来的愿景。此外，E人E本为用户提供的使用场景更适合那些差旅人员，在差旅过程中，随时记录是一个非常必要的功能，然而，市面上已有的产品对记录信息的输入方式有着相对年轻化的特点，并不适合“60后”群体。于是，原笔迹书写的技术成了E人E本的差异化功能和核心卖点。

29岁就以PDA原笔迹书写技术蜚声业内的周佳，此前是“好记星”收购的名人科技北京分部科技研发中心的总经理，后来以技术团队核心骨干的身份加入“好记星”团队，而后顺理成章地加入了E人E本。

在E人E本，周佳需要做的是：如何让用户在坚硬的屏幕上写字时，仍然有像在宣纸上写字一样的手感，这需要3D电磁笔和电磁屏技术的完美结合。

在研发过程中，以周佳为核心的技术团队在非常有限的时间内攻克了诸多技术难关，包括优化曲线拟合技术、消除笔迹折线感、高精度反锯齿技术，等等。这些问题都影响着用户的使用体验，具体表现在笔迹是否圆滑、书写是否流畅、书写过程中是否有笔迹延迟。

E人E本第一代产品T1采用了以微软Windows CE（微软针对掌上电脑和移动设备的操作系统）为基础的定制化系统，可以实现手写记事和指纹识别等商务功能。

在2010年E人E本T2新品发布会上，作为E人E本首席CTO的周佳直言：“E人E本的研发让我遇到了入行以来最大的技术难题，那就是如何将原笔迹手写技术做到极致，并融汇于商务应用之中，给用户提供体验良好的移动办公平板电脑产品。我们自主研发的原笔迹手写技术有效解决了移动互联网产品中笔迹的输入、保存、发送、呈现等问题。为了配合移动办公需求，我们进一步研发了包含手写邮件、手写记事本、阅读器、名片管理等智慧办公应用软件，为商政精英的移动办公提供了全面的解决方案。”

2011 年 1 月，E 人 E 本 T3 发布，这一版本增加了手写面积，加入了通话功能，是首款采用 8 英寸、4:3 显示比例屏幕的平板电脑；同年 11 月，原笔迹手写功能开始出现在各个应用场景中；同年 12 月 1 日，E 人 E 本 T4 发布，开创了 45 天超长待机新阶段；2012 年 8 月，杜国楹终于实现了使用高通芯片的“梦想”，E 人 E 本 T5 迎来了手、笔双控新时代。

在整个 E 人 E 本更新迭代的过程中，以周佳为核心的原笔迹手写技术研发团队在电磁屏上实现了书写艺术的复活。首先，在写作手感上，真正实现了从“桌面感”到“宣纸感”的飞跃；其次，在流畅性上，经过一次次的摸索和打磨，也终于实现了即触即出、粗细快慢都跟随用户书写速度的功能；此外，颜色的变换，从钢笔到毛笔到铅笔的随心变化也让 E 人 E 本变得丰富好玩起来。

杜国楹认为，想要改变或者引领用户是比较困难的，但是在尊重用户使用习惯的同时做到卓越是可行的。E 人 E 本之所以如此重视笔控的研发，主要是因为这更符合人类的书写习惯，这也符合杜国楹尊重消费者使用习惯的商业理念。

## 误会：夹缝中求生存

尽管E人E本的销量一路飙升，但是这款从研发到发售只用了3个月，且研发周期还是在发售一个月后才算正式结束的产品，再次引起了舆论的质疑：面市得如此匆忙，品质靠得住吗?

事实上，E人E本的第一波用户体验反馈极差，这款价格不菲的“电子记事本”不仅功能稳定性较差，还在使用过程中出现频繁死机、无法联网的问题。“T1的用户体验极其糟糕，最大的问题是功能太少，它除了写字以外，几乎什么都做不了。”E人E本首战收到这样的用户反馈，周佳并不觉得意外。蒋宇飞对此却有不同的看法：“我认为如果没有苹果产品对比的话我们一直是最好的产品，但是iPad一出来我们就比不过了。”在蒋宇飞看来，E人E本的失败源于生不逢时，而不是产品本身缺乏经受考验的实力。

杜国楹认为，这一切的开始源于一场天大的误会，最终走上了将错就错的结局。从始至终，杜国楹从不认为自己生产的是一款平板电脑，它只是一个“电子记事本”，但是与苹果的iPad相差20天的发布时间，导致对产品差异缺乏足够认知的消费者容易把iPad和E人E本联系到一起。在消费者看来，这两款产品只是品牌、价格不同而已。这场误会将仓促上市、性能堪忧的E人E本T1直接拉到了iPad竞争对手的位置上。

在采访中，杜国楹说："iPad之后，深圳那边有一堆山寨品牌，戴尔、联想、三星，所有的IT（信息技术）品牌都推了Pad，再加上iPad，你说我站哪儿去？太难了。"

杜国楹也和很多人解释过，我们不是平板电脑，这就是一款电子记事本，"没人信，你就是个平板。"说起这件事，他显然有些无奈。这种微小的局部上的巧合以及用户对产品研发技术层面的不甚了解持续强化着消费者对E人E本品类归属为平板电脑的认知。在杜国楹看来，E人E本的问题和行业环境的变化有很大关系，同时，他非常坦诚地承认，T1不是一款让自己满意的产品，它的上市的确是匆促且欠考虑的。对于E人E本存在的缺陷，杜国楹比谁都清楚，但就当时的资金投入和技术实力来看，即便晚几个月发售，可能也没什么太大的差别。

"拿我们跟苹果比的人是一厢情愿，是理想化的。你怎么能拿一个刚创业的小型企业跟苹果比？你可以跟苹果比局部、比创新，但整体去比，那不是以卵击石吗？"蒋宇飞对于这种捆绑式的对比表现得十分抗拒，也十分无奈。

其实，抛开消费者先入为主的观念不谈，从中国商务平板电脑的市场份额占比来看，E人E本几乎占据了一半的市场份额，这已经是很出人意料的成绩了。根据易观2012年第四季度中国平板电脑市场份额数据可以看出，苹果以71.6%位居第一，占有绝对优势，排名第二的联想只占了10.2%，E人E本以6.6%的市场份额排名第三。这是苹果正式发布后的第三年，市场表现已经达到了惊人的地步。也就是说，E人E本由于目标用户的定位也好，市场环境的变化也罢，的确走了一条窄路，在商务平板电脑的市场上，它的确有一枝独秀的味道，但放眼整个大的行业，E人E本仍存在很大的不足。

在这种情况下，善于变通的杜国楹将计就计地调转了方向，"我们迅速把自己定位成商用的 Pad，因为 iPad 光芒万丈，太强了”。鸡蛋碰石头的游戏，杜国楹不会去尝试，但退出战局倒也不至于，扭转战局的关键或许就是将错就错，在将错就错的过程中依然寻找差异化的可能性，为自己留一条生路。

这种差异化的可能被包括杜国楹和方礼勇等在内的业内人士称为“生活流”和“工作流”的不同，iPad 的产品定位是介于苹果智能手机 iPhone 和笔记本电脑之间的，所提供的功能包括浏览网站、收发电子邮件、观看电子书、播放音频或视频以及玩游戏等比较休闲的生活类的功能。

而 E 人 E 本的定位则更贴近“工作流”，或者说它就是“工作流”，用户主要应用这款工具对自己的任务进行清单式的管理和编辑，当时行业内比较典型的作品是加拿大的黑莓手机，2010 年，这款手机以 41.7% 的份额稳居全美智能手机排行榜榜首，是高端智能手机的代表。方礼勇认为，E 人 E 本也可以成为中国的“黑莓手机”。

“我们虽然是数字记事本的初衷，但典型用户是我们这样办公的用户，我记下行程，记下思考，记下讨论，记下会议内容。这些内容是几千页、几万页的书，随时随地可以检索到，可以发送。”在被迫与 iPad 进行捆绑式比较以后，杜国楹也更加频繁地在一些场合强调产品的差异性，不过即便是这样，仓促的研发和产品无明显差别的更新迭代还是激不起用户更多的兴趣。

杜国楹非常清楚地认识到，和 IT 品牌相比，无论是供应链、成本还是渠道，作为初创公司的 E 人 E 本都没办法与之抗衡，更别说突出重围，获取用户了。但该做的营销宣传还是要做，产品迭代也在进行着，然而就在品牌方对产品进行大力宣传的时候，原笔迹手写的独创功能却因不符合《电子签名法》而失去了产品魅力，这使 E 人 E 本迎来了雪上加霜的局面。

早在2005年4月，我国已经出台了相关法规并正式施行了《电子签名法》，为电子签名相应的法律地位给予了肯定。2011年1月，一些网友向IT商业新闻网咨询使用E人E本进行签名的文件是否具有法律效应，对此，E人E本给出的答复是肯定的。但是在IT商业新闻网的记者向北京市盛峰律师事务所主任于国富进行咨询的时候，却出现了不同的说法，于律师表示，E人E本的电子签名和我国《电子签名法》所认可的形式是不一样的。这种说法一经传播立刻得到了网友和大众的高度关注，如果E人E本的电子签名不符合《电子签名法》，那么原笔迹手写的所有功能都形同虚设。

品类归属的误会和产品核心卖点被打破的尴尬局面，让E人E本陷入了前所未有的困境。

## 落幕：与清华同方的巨额交易

雪上加霜的局面让 E 人 E 本迅速走向了失败的结局，在杜国楹看来，E 人 E 本的产品还有很大的上升空间。比如，他始终心心念念的墨水屏没有很好的实现。因此，这款产品说白了就是一个手写签批，记事本的使用始终没有达到理想状态。同时，不菲的价格也让 E 人 E 本逐渐丧失了市场竞争力。在周佳看来，杜国楹对技术有太多的敬畏，这个不懂技术的老板在面对开发人员的时候，常常表现出更高的尊重和体谅，因而导致很多应该解决的问题在当时并没有被提出来："可能杜总觉得，研发人员已经很努力了，怕打击他们的积极性。但实际上这些问题在市场方面有反馈的时候，就应该被尖锐地提出来。"

这是杜国楹第一次喊出要做"有灵魂的产品"的口号，在他看来，研发团队在整体人员构成中所占的比例越高，可信度就越高。而事实是，从头至尾，营销所占的比例并不小，研发所占的比例虽然很高，但在群雄逐鹿的平板电脑行业中，E 人 E 本的综合竞争力并不高。

在这种情况下，杜国楹果断地决定把 E 人 E 本卖给清华同方。当时的清华同方还没有移动板块，作为 E 人 E 本的老用户，清华同方的时任总裁陆致诚曾经在 2011 年就开始联系杜国楹，想和杜国楹聊聊，通过收购 E 人 E 本实现公司的生态闭环。在清华同方的陆总看来，杜国楹和他的公司都很有想法。

2012年，尽管E人E本的短期盈利依然非常可观，但率先领投E人E本的联想还是萌生了退出的想法，E人E本也正面临着几乎要被平板电脑取代的风险。在这个时候，一直希望能收购E人E本的清华同方联系了正在寻找D轮融资的杜国楹。

就这样，2013年1月，关于E人E本被卖给清华同方的新闻开始在各大媒体出现，这是杜国楹第三次创业的落幕，不过这次落幕在业界看来更像一笔巨额交易。根据收购预案，截至2012年12月31日，E人E本的资产账面净额为24207.21万元，预估值约为13.68亿元，杜国楹作为E人E本的创始人，持股46.22056%，在这次并购中他将收益约6.96亿元。在业界看来，这是一笔价值14亿元的巨额交易，杜国楹本人则净赚了7个亿。

有很多声音认为这是杜国楹的本事，能够在这种大趋势不被看好的情况下迅速将E人E本出手，这些声音都暗含着清华同方以14亿元并购E人E本并不是一笔划算的买卖的意思。但杜国楹不太赞同这种说法，他表示："在中国，我们的目标适用人群为4000万人，我们未来预期占领大概500万人。"这说明杜国楹对E人E本有着很大的自信，选择并购只是为了通过清华同方获得更大的订单。

蒋宇飞也不太愿意将这次交易称为"卖"，他表示："如果没有跟清华同方的并购，我不可能拿到新的订单。作为一个民营企业，我没这个能力、背景、资源。"最后，杜国楹和蒋宇飞不再坚持独立IPO，做出了和清华同方并购的决定，但他们称此为"换股"，并表示管理团队是不会轻易换人的。由此可见，他们依然热爱这个事业。

经过这次并购，周佳对E人E本的实力更加自信，在他看来，清华同方之所以对公司感兴趣，很大一部分是源于公司的技术积累，当时E人E本在深圳的办公室几乎一直用专利证书贴墙，周佳曾对《创业家》的记者说过，E人E本的目标是把墙面全部贴满。他的手写识别技术已经越来越趋于完备，对其他竞争者来说，几乎找不到可突破的空间。

换句话说，清华同方并购的并不是一个不好出手的项目。在这些股东看来，无论从品牌知名度、行业前景，还是从 100 多项专利技术和更加拥有消费能力的目标用户来看，这都是一笔很划算的买卖。

作为营销起家的代表人物，杜国楹始终遵循着广告轰炸的营销手法——从明星、噱头入手，吸引用户的眼球，但 E 人 E 本并没有发挥出前两款产品应有的亮眼表现；从校园到职场的转变，也使这个常年和学生群体打交道的企业人略显生疏，那套在学生群体中十分奏效的方式在被应用到商务人士群体中时，乍然失去了原有的光彩。

在技术方面，业内的看法也并不乐观，杜国楹推崇的“原笔迹手写”功能的确在某种程度上代表了 E 人 E 本的核心功能和特色，但由于技术瓶颈的制约和漫长的研发周期的影响，导致“原笔迹手写”成了一个费力不讨好的功能，《电子签名法》出台后，其合法性遭到质疑更使局面雪上加霜，略显尴尬。

杜国楹关于 500 万潜在用户的预测并不是一个权威数据，根据当时 E 人 E 本的市场表现来看，从 2010 年产品发布到 2012 年，总销量并没有超过 60 万台。那么，E 人 E 本的市场到底还有多大的规模，尚有待考量。

## 现状：时代背景下的积极转型

2014年，E人E本的市场份额急剧下跌至0.4%，这是E人E本自发布后迎来的第一个销售寒冬，且与用户定位有着比较紧密的关系。相比于其他同类产品，E人E本的用户群体相对年长一些，用户基数也有限，在这群不断衰老、减少的用户渐渐退出市场以后，E人E本的用户群体迅速衰减。

行业内新的用户群体是由一些年轻的或者即便年长也已经在年轻时培养出了其他输入习惯的人组成的，面对这些人，E人E本可做的文章不太多。这个时候，杜国楹又做了新的决定——进军手机市场。

E人E本推出的首款手机产品被命名为M1，依然主打商务群体，以高端政商人士为目标用户。此外，还配置了手写笔，首创了“一部带钥匙的手机”的概念，当手机和安全密钥的距离超出10米，手机将自动锁屏、提醒防盗，确保信息不被窃取。

当时在国内手机市场上，有“智能安全系统”的手机大概只有M1一家，在华为、三星、苹果、索尼、HTC、小米、魅族等手机已经把市场瓜分殆尽的情况下，杜国楹再次剑走偏锋，试图利用产品差异化保持品牌的影响力和竞争力。

于是，一款可以手写、可以通话，并首创了以“防泄密、防窃听、防丢失、防打扰、防追踪、防病毒”六大功能为核心的“智能安全系统”

的商务手机就这样问世了。

但这一次，杜国楹没有获得预期的效果。首先，在很多消费者看来，M1 不像是一款手机，更像是一款融合了 E 人 E 本手写功能和手机通话功能的电子办公产品，在几大手机品牌中并没有什么优势。其次，其整体风格是对 E 人 E 本的延续，在很大程度上保留了商务人士对高端的需求，如暗金镶边、皮质翻盖的外观，但这些并不是用户最核心的需求点。再次，在业内人士估算其成本不过 2000 元的舆论压力下，其 6980 元的售价并没有太多人买账。最后，M1“好心办坏事”，把自己放到了一个特别尴尬的局面——手机安全的伪命题。

根据相关报道，在 2014 年的黑帽安全技术大会上，即便是世界上保密程度最高的程序也能被黑客轻松破解，从某种程度来讲，手机安全就是一个谎言，天下没有一款手机是安全的，最安全的手机是不存储任何秘密和信息，这在消费者群体中也已经达成了共识。

抛开以上几点，只从目标用户的使用习惯来分析，公务繁多的政商人群万一不小心丢了安全密钥，反而对手机的使用造成了很大的麻烦。换句话说，保护信息的逻辑未必成立，产生不便的可能性倒是事实存在的。

无论是为产品 M1 的奢华外观埋单，还是为这种听起来很周到，用起来仍然不放心的安全系统埋单，6980 元的售价还是让很多消费者望而却步。因此，自产品 M1 上线以来，订单始终没有超过 3 万部。

对 E 人 E 本良好基因的继承失败是 M1 发布后最显而易见的结局，这个缺乏顶级研发团队的产品根本没有办法在差异化和核心竞争力上与其他品牌抗衡，杜国楹的“安全牌”失效了，不过清华同方对 E 人 E 本的投入和维护依然在进行中。

这些年，从产品沿革来看，E 人 E 本是勤奋的，总体来说已经形成了 T 系列和 M 系列两大板块，T 系列主打“原笔迹手写签批”、会议记录和移动办公，目前已有十余款产品；M系列主打智慧手写、安全办公和安全电子记事本的招牌，目前在售的只有M11一款。产品特色主打手写记事本、会议本、学习本以及离线数据采集终端四大方面，在产品配置上，这款产品采用的是国产OS系统和国产商密芯片，内置安全防护软件，依然主打“安全牌”。

从2010年1月发布至今，E人E本已经陆续推出了十余款商务平板电脑，成为中国商务平板领域的关键品牌，并于2016年转型至服务党政军系统和单位。

在目前可以查到的E人E本官网信息中，有一些原有的功能如“原笔迹手写”依然处于保留状态，并开发了供同行业H5页面（如钉钉和微信等）使用的手写工具。

第五章

# 8848：成功人士的标配

人们对财富的追求从未停止，甚至在某种程度上，财富代表着地位和一定的权力。在E人E本被卖给清华同方后的第三个夏天，在成功人士的追捧下，杜国楹开启了第四次创业——8848钛合金手机。

## 标配：成功人“身份的象征”

2019 年，一款标价 9999 元的国产手机发布会引起了多家媒体和大众的关注。发布会现场，名人云集，来的嘉宾都是当时的重量级人物，包括国内炙手可热的导演、企业家。这些看起来毫不相关的人因为一款国产手机而聚到一起，在国内还是头一次。他们都是为杜国楹打造的第四个品牌 8848 的新机发布会而来。

2015 年夏天，杜国楹延续了 E 人 E 本的创业逻辑，依然把目标锁定在高端市场，并宣称要在中国做一款小众的、以追求“小而美”为核心的“第五类手机”。

其实，早在 2014 年，杜国楹就已经开始涉足手机市场，只不过，他推出的第一款手机 M1 出师不利，一上市就面临了有价无市的尴尬场面。时隔一年，2015 年夏天，杜国楹重整旗鼓，再次携手周佳等人，创立了新的手机品牌——8848。

在当时的国内手机市场上，智能手机主要被四类厂商占领，价位从 1000 元到 6000 元不等。追求极致性价比的国内厂商以小米为代表，长时间占据着 2000 元以下的用户群体；在硬件创新方面，表现比较突出的是成功整合上下游资源的三星，作为手机老品牌，三星的价位一直保持在 2000—5000 元，拥有一大批有着不同消费能力的忠实用户；第三类厂商是直到今天依然受到用户追捧的苹果手机，多年来始终主打优质的用户体验，以5000—6000元的定价雄踞高端手机市场，并不断强化着用户对产品使用习惯的依赖性，在更新迭代的过程中始终拥有一个庞大而忠实的用户群；第四类厂商是以10万元价格把控着超高端智能手机市场的诺基亚VERTU系列。

杜国楹认为，国内需要有一款手机突破以上四种思路，不打低价牌，不单纯做硬件创新，不设置太多复杂且有差别化的使用功能，而是另辟蹊径地以“身份的象征”为切入点，打开另一扇市场的大门——成功人士的标配手机。

在杜国楹看来，中国的中产阶级新富阶层已经出现，但是却没有一款专门为他们而设计的手机，相对于其他用户来说，这群人不会被昂贵的价格吓退，他们更看重品质。因此，这样的手机在拥有良好使用功能的基础上还必须拥有奢华的气质，其价位应该处于6000元至10万元之间的真空地带。

这是杜国楹对8848的最初构想，很快，他们就开始对这款手机进行研发，并以奢华的机身设计再次吸引了大众的眼球。当时，恰好有一个网络流行语叫“土豪”。虽然杜国楹不愿意自己推出的这款价格昂贵的手机与“土豪”挂钩，但是8848的整个机身设计，还是让很多喜欢嘲弄、调侃的人想到了这个词。

在机身材质方面，杜国楹借鉴了瑞士腕表的经验，决定采用昂贵且难以加工的钛金打造。钛金被称为“具有英雄气质的金属”，又称“太空金属”，不仅坚韧、耐腐蚀、不变色，而且是唯一对人类植物神经没有任何影响的金属，被广泛应用于深海潜艇、航天科技及奢侈品领域。8848使用钛金材质，这在国内市场还是首次尝试，足够创新也足够勇敢。

为了提升手机的质感与触感，8848手机还采用了荷兰牧场半岁小牛的头层牛皮作为机身包裹材料，并与世界上最大的奢侈品皮料供应商 ECCO Leather 合作，使整个手机从里到外都散发着财富的味道。杜国楹希望打造一个介于 iPhone 与 VERTU 之间的品牌，实现科技与奢侈品之间的平衡。

杜国楹对 8848 的硬件设计非常满意，用他的话说，8848 的皮料和爱马仕完全是一个供应商。“就像宾利和劳斯莱斯的内饰皮质，必须优于宝马与奔驰。”这是他对高端的理解。

“8848 手机对于皮革完美质感的追求，丝毫不亚于任何奢侈品品牌。”作为 ECCO Leather 副总裁的 Marcelo Marder 这样评价这款手机。在全球领先的芯片制造商高通副总裁钱堃看来，8848 真正洞悉了中国高端用户的使用需求。

这是杜国楹第二次把成功和财富捆绑在一起，创新且奢华的用料配置成为 8848 手机与众不同的地方，也是噱头所在，无论是黄金角立体切割，还是 128G 超大内存，以及太空金属包边和荷兰进口小牛皮的机身包裹，都在向消费者传递一个信息：用 8848 手机的人，都是成功人士。

2019 年 7 月 28 日，定价 9999 元的最贵的国产手机新品牌 8848 正式发布；一年以后，8848 第二次发布新机，演讲现场的大屏幕上写着“敢为天下先”几个大字。

2020 年 8 月，身穿黑色衬衫的杜国楹出现在 8848 M3 新机发布会上，为这款手机的诞生和迭代作了长达二十多分钟的演讲。杜国楹表示，时过一年，大家对这款手机一定还有很多疑问，借着这次新机发布会，他将对这些疑问进行逐一解答。

自 8848 新机发布一年以来，杜国楹被问得最多的问题是关于品牌名称的疑问，即为什么要给这款手机取名“8848”？杜国楹解释 8848 是世界最高峰珠穆朗玛峰的海拔高度。在他看来，8848 是一个符号，象征着每个中国男人心中那座等待攀越的高峰，可能是一个梦想，也可能是一个目标，也许很多人终生无法抵达，但是这座高峰在每个人心里从未消失过。

关于品牌名称的酝酿，杜国楹和他的团队花费了将近一年半的时间，几经推翻、修改，直到 2018 年，市场部总监敲响了杜国楹办公室的门，并在白板上写下了“8848”四个数字，这是刚刚头脑风暴出来的新的品牌名称，杜国楹盯着白板看了 5 秒钟，说：“就是它了。”

没想到反复推敲了一年半的品牌名称，最后的敲定居然只用了 5 秒钟。

和品牌名字同时敲定的还有品牌代言人的人选，在决定了 8848 这个名称以后，关于代言人的选择，杜国楹首先想到的就是中国首位登上珠穆朗玛峰的企业家，也是国内知名的地产大亨。于是，杜国楹立刻向这位地产大亨发出邀请，这也是为什么在 2019 年的新机发布会上，这位既是登山家又是企业家的大亨会和电影导演等人一同出现的原因。

“我非常欣赏这个品牌，我在 8848 手机产品上看到了创新以及勇于承担风险的企业家精神。”这是 8848 手机代言人对该品牌给予的高度肯定。

## 给老员工留的一条“后路”

杜国楹说，决定卖掉 E 人 E 本的那天晚上，他就已经派人去拓展新的业务了，但这项业务不是 8848 手机。8848 手机的诞生，从某种程度上来说，是杜国楹有意识地给老员工留的一条后路。

卖掉 E 人 E 本的时候，公司的研发团队有 200 多人。杜国楹说，当时清华同方想做的是 to B 业务，是大量的 pad 定制业务，但是 E 人 E 本的整个认知、理解和渠道都在 to C 上。他可以就这么离开了，但是曾经跟他一起共事过的 200 多人该何去何从呢？

时任中关村在线的 CEO 的一句话让杜国楹有了灵感，他说：“我有一个哥们儿有一天跟我说，你们有好手机吗？我们家阿姨用的 iPhone 都比我的新。”这句话让杜国楹看到了新的市场需求。在后来的采访中，杜国楹说：“当 iPhone 也成为街机的时候，市场需要更好的东西。”

就这样，杜国楹决定做一款高端手机，为了给这款手机的发展打好基础，杜国楹从一开始就把这家公司做成了合资公司，管理团队持股 40%。这样一来，前期工作铺垫好，市场正式启动后，长期利益的分配机制是健全的，到时候，他便可以放心地离开这家公司去做自己真正想做的业务了。杜国楹做 8848，也是给老团队的兄弟们一个交代，因此，他把这次创业看得格外重要。

从杜国楹的几次创业经历来看，每一次他都算不上是同品类品牌的先行开拓者，反倒更像一个以新奇思路在成熟行业市场内另辟蹊径的探险家。矫姿带市场的火热，学习机市场的庞大用户群以及 iPad 的强势碾压，都给杜国楹的产品蒙上了一种绝地求生的味道。在这个过程中，他有过理智的退出，也有成功的突围。8848 诞生时，杜国楹需要在 iPhone 和华为两大品牌下顽强求生。但即便行业内品牌林立，竞争激烈，对于 8848 的实力，杜国楹等人始终保持着积极乐观的态度，尤其是周佳，他对中国的硬件研发水平非常有信心。

2016 年，杜国楹离开了 8848，周佳出任 8848 总裁。周佳，曾在 14 岁时以优异的成绩考入西安交通大学少年班，毕业后曾在一家外资企业做程序员，成功完成了 Palm 外包新产品的研发。1997 年，21 岁的周佳放弃了原本薪酬优厚的外企工作，来到了深圳，在一家很小的公司做掌上电脑产品研发，从芯片研发开始做起，最终研发出了一款和芯片技术在世界领先的 Palm 公司产品功能完全一致的产品，并且这款产品在面积上比 Palm 公司的小 20%，续航时间也比 Palm 公司的更长。产品一经上市就创下了 20 万台的销售量，市场反馈相当不错。2006 年，周佳认识了杜国楹，并于 2015 年同杜国楹一起创立了 8848 品牌。

2019 年，身穿黑色衬衫的周佳出现在《回归未来，感恩时代》的节目现场，跟在座的观众分享了自己步入这个行业并与杜国楹一起创办 8848 的经历。在这段经历中不难看出，为了给老员工们铺好路，杜国楹比之前任何一次都要执着。

2015 年，苹果手机正处于不断更新迭代、不断满足消费者新胃口的阶段，销量也在当年达到了峰值；这一年，华为在高端市场的表现也极为出色，甚至在国内市场开始呈现超越苹果手机的态势。这表明，无论从材料、技术还是加工能力上来说，本土企业都在逐步趋于完善，只是本土品牌在包装营销方面比较落后。在本土化和个性化渐成趋势的情况下，杜国楹相信市场有对本土品牌的需求。

为了打造8848中国高端品牌手机，杜国楹和周佳等人找到了当时实力雄厚的富士康，并与之进行合作。令人沮丧的是，尽管技术水平堪称一流的富士康同意与杜国楹合作，但他们缺少一项关键性的组件——钛合金的外壳。当时，世界范围内只有英国的一个手机品牌率先采用了钛合金作为手机外壳，这一工艺使整个手机看起来不仅坚固而且充满价值感。但是，由于材料加工的差异，当时的富士康并没有办法实现这种技术，杜国楹还需要继续寻找拥有这项技术的公司。起初，杜国楹和周佳等人都认为这款来自英国的手机，其外壳加工技术团队应该是欧洲的某个国家，他们遍寻欧洲，无果。然而实际上，真正能够实现钛合金手机包边的厂家就在中国香港，这家公司名叫“香港中南钟表公司”（以下简称中南公司）。

在香港，庄氏家族是比较低调的富豪家族。庄静庵，这位出生于1908年的富豪是香港首富李嘉诚的舅舅兼岳父，中南公司就是由他设立的。作为香港的钟表大王，中南公司有着非常雄厚的实力，具有丰富的为奢侈品及腕表大王进行设计加工的经验，能够找到他们，杜国楹十分兴奋。

然而，敲响中南公司的大门并不是一件容易的事，杜国楹等人数次登门拜访都被婉拒了。最初，中南公司给出的理由是“成本太高了，你们一定不能接受。”慢慢地，真相开始浮出水面，“原则上，我们不和内地的厂家合作。”这是杜国楹等人最后一次得到中南公司的答复。

这种明确而又坚决的拒绝让杜国楹感到沮丧，不仅沮丧，甚至还有些迷茫。然而就在他决定实施其他方案的时候，中南公司忽然主动联系了他们，理由是，中南公司的老板想要和他们见面。这句话像救命稻草一样，让杜国楹重燃了希望。

在那个意料之外的饭局上，杜、周二人终于见到了中南公司的董事长——庄静庵。在饭桌上，庄总对他们锲而不舍的坚持感到好奇，并对 8848 究竟想要做什么样的产品产生了浓厚的兴趣。周佳详尽地介绍了内地的手机市场现状，并传达了想创立本土品牌的思想。这种对本土品牌的自信和弘扬本土品牌的宏愿打动了庄总。除此之外，让庄总决定与杜国楹合作的原因还有一个：当时，被杜国楹效仿的那款英国手机的确是中南公司和富士康联手打造的，但在产品上市后，他们发现了一个非常有趣的现象——这些手机最后几乎都被卖回了中国内地。也就是说，这样的手机在国内是有着巨大的需求和市场潜力的，但唯独没有国产品牌。

杜国楹推出了 8848 国产手机品牌，并对其寄予了厚望。2015 年，苹果的销量飙升，国产手机巨头华为的市场表现也非常惹人注目，8848 要在这两座大山下求生，可谓十分艰难。

## 8848 广告风暴

国产手机的出路在哪里？可能包括杜国楹在内的很多人都没有答案。关于这一点，每个人都有各自的想法。然而，放眼国内手机市场现状，似乎哪个想法都不是特别合理。

2015 年，在杜国楹为新的品牌运筹帷幄的时候，有位财经作家写了一篇文章，阐述了其对中国手机市场的诸多困惑。该财经作家认为，中国的手机品牌是依靠组装能力和市场营销能力存活着的。由于核心技术的缺乏，当时中国内地除了华为以外，还没有其他手机品牌拥有自主开发芯片的能力，所有国产手机品牌的芯片几乎都来自美国的高通、中国台湾的联发科或韩国的三星；图形处理器来自 Mali、Adreno、GeForce 或者 PowerVR；摄像头传感器则几乎全都来自索尼。基于这些，国内手机市场出现了两大现象。一是很多相干或不相干的人都纷纷挤进这个行业；二是各大品牌都陷入了核心技术组装的拼杀怪圈中。如何把世界顶尖的核心技术进行个性化的组装，是国内手机品牌的首要竞争力。

2015 年，频繁跨界创业的杜国楹携 8848 闯入手机市场，完美地诠释了国内手机行业的两大现象——相不相干的人都涌入了这个市场；营销能力和技术的组装能力是拼杀的重要武器。

与之前的几个品牌相比，8848 的广告语则相对冗长。延续 E 人 E

本的逻辑，8848 依然定位高价市场，秉承“硬的做奢华，软的做安全”的核心理念，高度强调“傻瓜级的安全”。因此，8848 的广告语中也着重强调了诸如一对一保密钥匙、私人保密专线等保密功能，这在当时的手机市场上并不多见。8848 的广告语还分别在开头和结尾处点明主题——“8848 钛金手机”，以加深消费者的印象。一时间，一场手机广告风暴在各大城市铺开，人们每天像听段子一样听到如下广告语：

> 8848 钛金手机，专属一对一保密钥匙。人机分离 10 米，自动报警。很好与优秀只差一点点距离，这段距离叫安全。忘带会提醒，丢失就报警，手机不忘带，机密不泄露。8848 钛金手机。8848 钛金手机，隐形拨号，加密通话，无痕迹沟通。幸福往往是分享，而苦痛却常常隐藏。这就是男人，你的世界，别人不懂。隐形拨号，加密通话，无痕迹沟通，能谈吐有方，会进退自如。8848 钛金手机。
>
> 懂生活才能会工作，8848 钛金手机，双密码，双空间，工作生活分别存储，互不干扰。记住：跑得快不一定赢，不跌跟头才是成功。一部手机，两个密码，两个空间，分别存储，互不干扰，8848 钛金手机。
>
> 你，与众不同，你喜欢超越。你有梦想，你有力量，你从不把成就作为终点，记住，你的名字叫作：成功！8848 钛金手机，钛合金 24° 黄金角立体切割，荷兰进口小牛皮，视网膜高清屏幕，128G 顶配内存，1300 万高清摄像，向成功的人生致敬。8848 钛金手机。

在这冗长而又充满对“成功追捧”的广告文案里，8848 的几大差异性功能被反复提及。在杜国楹看来，真正的成功人士更需要简单的、易操作的、安全的问题解决方案，相较于大多数人来说，他们的时间更加宝贵。因此，哪怕只强调了安全功能的开发和对成功的定义，这款手机也已经有了非常鲜明的产品特色和市场定位。

尽管作为奢侈品的手机，8848 不是全行业第一款，但是从其营销文案中不难看出，杜国楹一再强调的是安全系统，而非超高端定位。在杜国楹看来，科技类奢侈品是不能做成重奢的，因为即便三五年内款式不过时，但是技术的更新迭代也会让产品过时。这也是为什么杜国楹把 8848 的手机定位在科技轻奢品的水平上，在营销文案上始终强调对技术的组装的原因。

## 国潮：故宫贺岁版问世

2016 年，国潮风来袭，故宫文创开始成为全民购物新宠，杜国楹因此萌生了新的创意——生产一款集国风、奢华于一体的故宫贺岁版手机。2016 年 12 月，北京故宫文化传播有限公司联合 8848 钛金手机，携手中国高定设计大师推出了一款十分奢华的中国风手机——8848 故宫贺岁版。

一场名为“时尚诠释文化，文化碰撞科技”的主题论坛在故宫紫禁书院举办，8848 故宫贺岁版手机也在当天发布，手机颜色分为朱红、石青、明黄和玄黑四种，同“青龙白虎，朱雀玄武”四象完美对应，手机外观上采用了故宫龙袍上的团龙和海水江崖图，这一独特设计瞬间使得 8848 故宫贺岁版手机成为行业内极具辨识度的高端品牌。

当时，这款手机的配置大致如下：5 寸 1080p 屏搭载高通八核处理器，内存组合为 4GB RAM+128GB ROM，前置摄像头像素 300 万，主摄像头像素 2100 万，支持双卡双待。由于这是与故宫文化传播有限公司合作的产品，所以手机内置了掌上故宫 APP、每日故宫 APP，屏保和壁纸源自故宫的五福捧寿、祥云无尽等吉祥图案和二十四节气摄影作品等，这是其他手机都没有的。因此，外观设计和内置的故宫 APP 成为 8848 故宫贺岁版手机的最大卖点。

在 8848 故宫贺岁版手机发布会上，时任 8848 手机总裁的周佳表示："来源于双方对于工匠精神的共鸣，这不仅是一次传承文化与科技的碰撞，更是 8848 对故宫传统文化与工匠精神的传承与致敬。我们希望通过与全球各大顶尖领域的跨界合作，碰撞出更加具有想象力的创新产品，并将世界上最杰出的设计与工艺融入 8848 手机之中，不断地给中国的消费者带来惊喜。我们希望用户可以在指尖感触故宫深邃的文化底蕴与其背后所蕴含的工匠精神，向世界、向更多的人传播故宫文化。"

据悉，该设计师的设计灵感来源于故宫皇家藏品，手机背饰采用了 18K 镀金镂空浮雕图案龙纹饰，以蓝宝石水晶玻璃覆盖，瞬间将"土豪"气息变成了"帝王气息"，尊贵感十足。

2017 年春节前夕，这款国内限量，只有 999 部的贺岁版 8848 手机以 19999 元的标价隆重上市，震惊了整个行业。以高端商务人士为目标用户的 8848 借此机会再上新高度。

很多人都怀疑，8848 昂贵的价格会把消费者拒之门外。对此，杜国楹并不以为然，早在故宫贺岁版发售之前，关于 8848 的高定价杜国楹就已经有了自己的看法。在他看来，这款手机是专门为高端成功人士量身打造的，万元以下的价格无法显示用户的尊贵身份和经济实力。所以，M2 定价 9999 元并不稀奇。在后来的产品迭代中，由于新功能的研发以及手机外壳设计成本的大幅度增加，20000 元左右的价格刚刚好。他认为，这群目标用户有着强大的经济实力，手机虽然生命周期较短，但是也不至于频繁更换，这样的定价刚好符合"买的时候压力不大，扔的时候不太可惜"[1]的原则，只要是 8848 的真正目标用户，就不会被定价拒之门外。

[1] 陈晓平：《8848 手机的高价逻辑》，《二十一世纪商业评论》，2016 年 9 月 15 日。

和故宫文化传播有限公司合作以后，8848 手机开始有了新的身份和使命，这一次，杜国楹只求小而精地稳步增长。

事实证明，他又一次抓住了用户的心，在以实体店为主的 8848 销售阵营里，截止到 2016 年，全国已有超过 1000 家店面，其中，大部分销售都集中在北上广深等一线城市，这说明，聚焦成功人士的定位已经开始奏效，这一点从北京市场每年贡献的 10% 的市场份额上也可以看出来。

## 虚假宣传风波

这些年，杜国楹的 8848 始终在产品外观上推陈出新，并持续发布新的产品试图吸引更多的消费者。在 8848 的官网上可以看到，除了早期的标准系列，8848 还推出了私人订制系列，用料更加考究，包括牛皮、蜥蜴皮和鳄鱼皮三种，颜色命名也十分独特，从夜幕蓝到丹霞红，从星空黑到页岩棕。总之，8848 无论名称还是用料，处处都在凸显着“身份”。

可能连杜国楹自己都没有想到，他的第四次创业依旧是在巅峰之后发生反转，而且这个反转依旧源于“涉嫌虚假宣传”。自 2015 年新机发布以来，聚焦小众市场的 8848 的销量始终与手机行业的巨擘们相差甚远，不过其独有的品牌调性和高定价从未让这款手机在盈利方面陷入窘境。

2016 年年末，就在 8848 忙着同故宫文化传播有限公司联手推出贺岁版新机的时候，中国消费者协会（以下简称中消协）收到消费者针对 8848 涉嫌虚假宣传的举报，在中消协对此事进行调查后，的确发现了一些不对的地方。

首先，在手机外壳的金属材料方面，经检测发现，这款手机的背面金属刻纹部分相当于国产的 TC4 钛合金，与宣传所说的“瑞士名表腕带所用 5 系钛合金”不符，而且，“5 系钛合金”的概念在金属行业也是不存在的。另外，在 8848 的线下实体店，对手机点缀材料的宣传是“蓝宝石”，而品牌官网则以“蓝宝石玻璃”和“蓝宝石水晶玻璃”命名，这样的表述差异引起了消费者的疑惑。在 8848 前后两次发表的声明中，这个疑惑并没有得到明确的答复。在第一份声明中，8848 对公司品牌涉嫌虚假宣传矢口否认，并开始查证资料证明公司所言属实；在第二份声明中，8848 一改坚持、肯定的态度，表示诚恳接受消费者及媒体、中消协和社会各界的监督，对虚假宣传避而不谈，关于官网与实体店宣传不一致的情况，8848 称之为“宣传不规范”。很快，8848 实体门店里的相关词语就被遮蔽了。

2017 年，消费者王女士直接将 8848 手机告上了法庭，理由是手机后盖用料为公牛皮而非小牛皮，8848 再度陷入虚假宣传风波。此事发生在 2017 年 4 月，一位王姓女士以 9999 元的价格在 8848 手机官方旗舰店购买了一部黑色的 M3 尊享版智能手机。收到货后，她大失所望，这款手机看起来皮质粗糙，并不像宣传所说的“源自荷兰天然牧场，甄选头层小牛皮”。随后王女士查看了 8848 提供的报关手续和证明，发现这款手机的牛皮材料为“加工返销”的公牛皮，这一发现让王女士非常愤怒，当即将 8848 告上了法庭，并要求三倍赔偿。

对于一个成熟行业的新兴品牌来说，8848 没有特别出众的配置和功能，基本可以说是依靠外观的独特与用料的奢华及考究来吸引消费者。但是，两度陷入虚假宣传的 8848 已经开始丧失自身魅力，更让人头疼的是，对于消费者的质疑，8848 的回应有些欠妥。

对于王女士的上诉，8848 的回应是，官网上的“荷兰进口小牛皮”是工作人员输入错误导致的，但是这并不影响手机的功能使用，也不影响手机的市场价值，因此，拒绝退货和三倍赔偿；此外，关于手机的皮料材质，8848 称所使用的牛皮是从世界皮革知名品牌 ECCO 引进购买的，因此，可以保证皮革的确是荷兰进口牛皮材质。2018 年

11 月，这场官司迎来了最后的宣判，北京朝阳法院一审判定 8848 旗舰店构成了虚假宣传，应退货退款，同时驳回了王女士提出的三倍赔偿的诉讼请求。

事实上，背背佳、好记星、E 人 E 本，几乎都遇到过类似的麻烦，比如过分夸大产品的功能，让背背佳失去了一大批目标用户；用户案例的重复使用引起了消费者的质疑；作为核心卖点的技术研发被曝与《电子签名法》不符；奢华的用料被质疑并非宣传所说的那么昂贵而又稀有……

站在消费者和法律的角度来看，这样模棱两可的文案和不够直接的回应，没有充分考虑到消费者的利益。但是有业内人士认为，激烈的市场竞争环境下，对广告文案咬文嚼字可能过于苛求。

## 跨界与产品迭代

随着媒体的发展和兴起，人们对明星代言有一种说不清道不明的信任和追捧。最早的明星代言可追溯至 20 世纪 40 年代，国内明星代言也有几十年的发展历史了。杜国楹第一次创业时，就已经深刻意识到名人效应对于营销一款产品的重要性。

从背背佳的童星代言到好记星的外籍明星代言，从 E 人 E 本的电影导演和男主角的代言到 8848 房地产大亨的代言，杜国楹在品牌代言人的邀请上从不含糊，每一个都是当时炙手可热的明星，且与代言的品牌都有着隐隐约约的联系。

在 8848 品牌创立后，杜国楹首先想到了让众多人眼里的成功人士担任品牌代言人，不仅如此，在后来的几年里，8848 始终借助名人效应与各大国际品牌联手，或邀请名人嘉宾助阵，以华丽的阵容发挥着自己独有的市场优势。

2017 年 2 月 8 日，8848 钛金手机跨界国际高端珠宝品牌 TTF 推出了鸡年生肖贺岁版手机，高调亮相巴黎中法文化交流展。在法国，雄鸡是文化图腾，在中国的鸡年推出鸡年生肖贺岁版手机，其实也是在向中法文化致敬。另外，作为首款亮相国际奢侈品盛会的国产手机，8848 也借此机会彰显了品牌魅力和“中国智造”的文化自信。

这款鸡年贺岁版手机分为两款，一款灵感来源于张大千《兰花》

图的白钻石君子兰造型，这款手机镶嵌了 21.5 克的 18K 玫瑰金和 39 颗精工切割的白钻石，选用海军蓝的鸵鸟皮包裹机身，将中国风格展现得淋漓尽致；另一款则是以徐悲鸿的《大吉图》为设计灵感的红宝石凤冠造型，雄鸡配合五行元素是这款手机设计的独到之处，深沉优雅的黑钻搭配宫廷红的鸵鸟皮，让这款手机颇有雍容华贵的气质。这也是 8848 首次融入珠宝设计元素，大量名贵钻石的镶嵌和 TTF 首席设计师的助力，使其全方位地实现了品牌工艺、调性和科技的完美融合，品牌身价再次被拔高。

关于这次创新与合作，周佳表示："未来，8848 钛金手机还将考虑进入海外市场，因此，今后将会更多地参与世界奢侈品领域的交流活动，在打造中国人自己的科技奢侈品的同时，也让世界重新认识'中国智造'。"

2017 年 8 月 28 日，8848 钛金手机又在北京发布了新品 M4，发布会现场特邀了故宫贺岁版手机的设计师，这是他们的第二次合作，M4 也再现了巴黎高定的经典气质。

2018 年 3 月 23 日，8848 在瑞士巴塞尔展中宣布与瑞士独立制表师协会 AHCI 长期合作，并赞助 AHCI 携手推广腕表文化。同年 8 月 28 日，8848 钛金手机在北京发布新品 M5，发布会得到了 8848 代言人、中国与全球化智库主席、中国入世谈判首席专家等多名嘉宾的助阵。

2019 年 6 月 30 日，8848 钛金手机携手 CHINA GT，又推出了超跑设计限量款。这是 8848 的又一次跨界尝试，这款手机号称是为汽车运动爱好者专属打造的，同时，发布会还邀请了 20 位 8848VIP 用户亲临现场，送上了专属定制礼包。在产品外观上，这款手机也和超跑造型完美融合，承袭超级跑车内室双绗线设计，展现了超跑韵律和运动质感。在用料上，手机融入了超跑所青睐的碳纤维材质，并标配无线车充，无线续航，让手机和超跑两种元素充分结合，既考虑了用户的使用体验，又让 8848 实现了一种新的可能。同年 10 月 18 日，8848 钛金手机在北京举办 5G 新品战略发布会，这次发布会依然是明星云集，在发布会现场，8848 高层与多位到场嘉宾深度对话，共同展望了 5G 未来。

2020 年 3 月 29 日，8848 钛金手机在北京发布 5G 新品 M6，该机身采用钛合金与真皮作为主要的材质，其质感出众，强度大、质量轻和耐腐蚀，以满足精英阶层对材质、工艺、数据、通信、安全方面的极致要求。

从品牌创立至今，8848 走过了近 10 个年头，但它却频繁地更新迭代，始终吸引着大众和媒体的目光，这是杜国楹新的营销手段，他在以一种更加外化的、和产品紧密贴合的方式为新的品牌“著书立传”，一次次的跨界和一次次的产品迭代成了 8848 发展史上的一座座里程碑。但质疑声也随之而来，有人认为，8848 过于注重外观的打造，从金属到皮料，将外观选材等附加功能打造成了这款手机的一大卖点；另外，8848 的几次联手和跨界都大有进军海外市场的气势，与国际高级设计师的合作也让这款产品越来越有中西合璧的味道。但是，这几次合作也多是在外观上做文章，即便是跨界创新，也始终离不开外观设计的壁垒。

在科技高速发展的今天，人们对一款产品的追求早已不再局限于产品外观和用料取材上，或者说人们一直更加看重的都是产品的功能和属性，至于外观与用料更多的是锦上添花。然而，杜国楹或许有自己的想法，而且在 8848 的发展后期，人们更加频繁地看到周佳以 8848 总裁的身份出现在公共场合，杜国楹似乎在慢慢地淡出人们的视野，甚至有一段时间成了“消失的创业者”。那时候还没人知道，这个热衷于生产高端品牌的男人，正在为下一次创业做准备。

第六章

# 小罐茶初创期：后半生的事业

“如果让我再创造一个品牌，然后卖掉，我真的已经没有兴趣了。我对以前的创业模式感到厌倦，决心寻找一个用后半生去做的事业。主观上，我已经做出了这样的准备；客观上，我要做一项重资产的事，倒逼自己，把所有的后路堵死。我必须换一种活法，我想看到自己在一个行业待 20 年、30 年后的结果。对我来说，这也是一次涅槃。”

——杜国楹

## 慢速度，数十万公里的茶山之旅

2021 年，在杜国楹个人公众号的第一篇文章里，他非常坦诚地说："九年，其实很长，但在我个人的创业生涯当中，从未像今天这样觉得时间过得如此之快。"很多人不知道的是，十年前的 6 月 20 日，当时还是 E 人 E 本品牌创始人的杜国楹已经同团队一起进山，去寻找下一次创业的某样东西了。那个夏天，他开启了"退隐山林"的寻踪之旅。

从 2012 年至 2016 年，在为期四年多的寻踪之旅中，杜国楹找到了太多让他心动的素材，那些生长在大山里被称为"东方神奇树叶"的一枚枚叶片让这个频繁跨界的创业者开始了为期近十年的新的坚守。对于杜国楹来说，这还是他第一次把十年的时间倾注在一个品牌上。

在进山寻茶的那几年里，杜国楹跑遍了全国所有名茶的核心产区，每个周末都是他到山里出差的日子，在后来的回顾中，那些被出差占满日程的周末听起来特别像一次次专题采访，从当地的茶农到茶业局官员，从农业大学的茶学教授到当地的茶商，杜国楹不惜耗费时间成本和每个人促膝长谈。在这些交谈中，他对茶的认识开始变得立体、饱满，从一个茶叶产区到另一个茶业产区，在数十万公里的寻访之旅中，杜国楹走到哪儿学到哪儿。

在这些耐心、深入的交谈中，杜国楹有意识地汇总信息，并对这些信息进行比较，他希望在比较中，排除讲述者的认知偏差，得到关于茶的最客观、最真实的认识，把茶最本质的一面挖掘出来。

2014 年 12 月 29 日，在杜国楹进山寻茶两年多以后的这个冬天，北京小罐茶业有限公司的营业执照获得审批。这个新公司的成立比杜国楹以往的任何一次创业都要低调得多，直到小罐茶正式面向市场销售，人们才知道那个深谙消费者心理、善用营销策略的创业家去做茶叶了。当时，41 岁的杜国楹不再像年轻时那样热衷于电子产品和新兴行业。去做茶叶生意，把中国茶推向世界，成了他在新的年龄段为自己立下的新使命。

在杜国楹心里，小罐茶和以往的任何一款产品都不一样，用他自己的话来说，小罐茶不是一款产品，而是“我们对整个中国茶理解的第一个阶段的产物而已”。作为一个有着多年饮茶习惯的中年人，让杜国楹深感遗憾的是，喝了几十年的茶，在国内，却从未看到一个特别知名的品牌诞生在这个行业里。在他看来，中国茶是有着自己的“病根”的，他想做的事就是把这个“病根”清理掉。杜国楹希望，中国的茶叶不再只是作为一种文化符号存在于人们的大脑里或书本中，也不再只是作为一种农产品走出茶山，而是应该成为中国饮品行业里真正的消费品。

从这个层面来看，杜国楹的进山寻踪之旅与其说是为了寻找那些神奇的树叶，倒不如说是去寻找答案。多年来，自称是“茶叶重度消费者”的他对中国茶有着许多热爱和情怀，同时有很多的困惑与不解。进山之前，这些困惑与不解在他脑子里一一闪过，可以说，他是带着问题进山的。其中，最让他无法理解的就是茶叶庞大的价格区间。走进街边任何一家茶行，你都会发现，茶叶的价格参差不齐，有的茶几十元一斤，有的则卖到了几万元一斤。如此巨大的价格差异难道真的只是由于产量、自然环境和加工工艺的成本差异而导致的吗？另外，茶叶与茶叶之间到底有什么区别？那些大同小异的叶片之间的等级评判标准是什么？作为农产品的茶材料是怎么定价的？这些都是杜国楹所疑惑和不解的。顺着这些疑问，杜国楹还想厘清一条逻辑——关于中国茶为什么没有自己的品牌，价格为什么如此混乱，世界市场上为什么没有看到作为茶叶原产国的中国品牌崭露头角，这些都是他想要弄清楚的事。

于是，在2012年E人E本和8848正发展得如火如荼，两大品牌瞄准国内高端商务人士这个小而精的消费群体奋力进发的时候，杜国楹却跑到茶山上寻找新的商业密码去了。

在这四年里，他始终希望在茶叶的原产地看到中国茶最初的样子以及整个生产加工过程，他也希望通过同茶农的交流，深入了解中国茶行业的发展状况，他更希望自己能比消费者更懂茶。毕竟，想要让产品面向市场、走向世界，还有一个更棘手的问题需要解决，那就是中国庞大的消费者群体实际上并不懂茶，想要在众多茶叶中做出选择和价格评价，对大多数人来说仍然是一件相对困难的事。这也是茶行业面临的市场难题。

很多人或许不太理解，为什么一向以速度著称的杜国楹，在小罐茶初创期居然肯花费四年的时间，仅仅为了做产品的前期调研。这片小小的叶子当真有那么大的文章可做吗？

但这段寻踪之旅对杜国楹来说始终是意义非凡的，它不仅意味着又一次跨界，同时是杜国楹以另外一种节奏进入新的创业期的里程碑。从背背佳到8848，杜国楹所创立的每一个品牌几乎都非常迅速地登上了舞台，而且都不是行业首创。唯有小罐茶，杜国楹开始放慢速度，沉下心来去茶山实地考察，以期开启中国茶叶品牌的先河。

深谙营销之道的杜国楹很清楚，巨额投资和营销话术都不如先找准行业痛点，尤其是在一片迷雾的茶行业里，只有发现痛点，撬动整个茶叶市场的支点才算被找到了。正是在这种信念的指引下，杜国楹和他的团队用四年的时间完成了数十万公里的寻踪，这是杜国楹第一个“长期主义的表达”。

## 茶殇：中国人不懂中国茶

杜国楹一直解不开的一个心结就是：中国作为茶叶原产国，中国人居然不懂中国茶。在千百年的历史长河中，茶叶在中国市场和家庭生活中的角色地位一直在发生奇妙的变化。这种最早起源于中国的“神奇树叶”，起初是被先民们作为祭品使用的。后来，随着茶叶中含有的药用成分被发现，西汉中期，茶开始被应用于医药方面，并因多样性的功能而逐渐具有了商品价值，相关记载最早见于西汉辞赋家王褒的《僮约》，一句“武阳买茶”说明当时已经有了茶叶买卖和商品集散地。

唐朝时，茶成了人们生活中不可或缺的东西，是一种“人家一日不可无”的普遍饮品。商品经济的蓬勃发展使茶叶大量流入市场，茶马互市以及著名的茶马古道就是在这个时候诞生的。为了顺应当地人民对茶叶的需求，唐代以来，我国西南地区以茶叶和马匹为主要交易内容、以马帮为主要运输工具的贸易通道开始形成，并逐渐发展成熟。

茶马古道的兴盛在当时吸引了外国使臣们的注意，茶叶开始流入世界市场。至明朝年间，茶商队伍开始壮大，并首次出现了茶叶商帮，大规模的长途贩运让茶叶的市场空间不断膨胀、扩张。

随着茶叶的传播，更加多样的茶制品和制茶技术也开始出现，悠久的历史发展让中国人和茶始终保持着很深的缘分。

这样看起来，中国人不该是不懂茶的，茶殇究竟因何而来，恐怕要从 18 世纪的贸易变迁讲起。18 世纪至鸦片战争前夕，清朝的对外贸易空前繁荣，茶叶作为中国对外贸易中最核心的出口商品，被源源不断地输入欧美各国。巨大的贸易顺差在 19 世纪开始出现，刚刚完成工业革命的英国希望将中国这个遥远的东方古国作为货物出口的重要市场，扭转贸易逆差。然而，英国的羊毛和呢绒制品在中国并未受到青睐和追捧，茶叶、陶瓷、丝绸等来自东方的产品却在欧洲国家盛行，尤其是茶叶。

由于英国的金本位货币策略和当时清朝以白银作为货币的政策相互冲突，英国需要从欧洲大陆购买白银折算后与中国进行交易，买卖间的利润受损是这个自称“日不落帝国”的国家不愿意看到的。对茶叶需求量巨大的英国开始感到不满。鸦片战争爆发以后，茶叶经济开始进入畸形发展阶段，战争和贸易的变迁为清政府带来的除了割地赔款，还有茶文化的逐渐暗淡，以及茶叶销路的萎靡和衰落。

中国人和中国茶的缘分也是从那个时候淡下去的，被战争打断的贸易伤痛以及其他饮料的输入使国人对茶叶的品种、生长环境、食用价值、其他功用越来越不了解。直到 1949 年中华人民共和国成立后，在政府的扶持下，这种有着悠久历史的东方树叶才开始在百废待兴的环境里逐渐恢复贸易发展，并再次在世界各地拓宽贸易网。

在成立小罐茶品牌之前，杜国楹做了充分的市场调研，让他非常无奈的是，千百年来，中国人一直在喝茶，但却没有太多人懂茶。在茶山的那些日子里，杜国楹开始深入了解茶叶细分的原理，逐步了解了几大名茶的由来和区别。他发现，即便是自己这种号称“茶叶重度消费者”的人，在此之前也依然不懂茶，在对茶叶本身的了解上，仍然存在很多盲区甚至误解。

在这些调研中，杜国楹将中国茶分成了三大类：一类是人们常说的“柴米油盐酱醋茶”的“茶”，这种作为农产品的茶在中国古代早已有之，是茶叶大宗贸易的主角，离寻常老百姓的生活远之又远；第二类是作为消费品的“烟酒茶”，在行业发展的过程中，中国茶开始有了自己的品牌，但是这里所说的品牌并非产品品牌，只是品类品牌和产地品牌，和中国十大名酒、十大名烟相比，中国的十大名茶显得特别含糊且粗分，既没有“中华”和“茅台”这样的产品品牌，也没有形成对应的品牌规模，中国的十大名茶是人们常说的“西湖龙井”“黄山毛峰”“云南普洱”“武夷山大红袍”“安溪铁观音”等，而茶行里的“西湖龙井”“云南普洱”等又存在一定的差别，完全没有标准化；第三类是“琴棋书画诗酒茶”的“茶”，这类茶被杜国楹称为“发烧友的茶”，是一种作为文化的茶。杜国楹想要做的，就是把茶打造成中国饮品行业里真正的消费品，让中国人在日常饮茶的生活中重新书写对茶的了解。

其实早在 2007 年，杜国楹已经萌生了做茶的想法，那时候他还在做“好记星”，这个想法冒出来以后，杜国楹还和当时的营销副总讨论过这个问题，并拍脑门地为这个品牌取了一个“沏杯茶”的名字。只是当时的市场环境和杜国楹自身的准备仍然不够，因此，这个想法也就只好放下了。

几年后，“国盛茶兴”的趋势越来越明朗，杜国楹自身对茶的了解也在加深，一方面，物质生活的富足让茶叶有可能走进人们的日常生活，茶不仅是健康的符号，甚至已经成了文化的符号；另一方面，杜国楹自身的准备也比几年前更加丰富了。

在他看来，当时甚至现在的中国茶仍然缺乏集约化、标准化和品牌化的充分洗礼。这种缺乏使得作为茶叶输入国的英国反而后来者居上。多年来，在茶行业始终流传着一句话，叫“中国七万家茶企不敌一家英国立顿”。

为了扭转这个局面，杜国楹认为，“重新翻译中国茶”不仅是行业的课题，甚至也是时代的课题。在对茶叶的传承和创新上，一方面要保留传统的那部分，另一方面要有所创新，赋予茶现代化的符号。这些努力和改变将最大限度地消除消费者买茶时因为不懂茶而产生的困惑和纠结——价格混乱，对品牌了解不深，难以选择。

但是具体要怎么做，当时，杜国楹仍然没有太明朗的想法。怎么传承茶文化，怎么在传统层面上有所创新，怎么把茶文化翻译得精准而又简洁，这些都需要时间。为了厘清这条逻辑，杜国楹先从梳理自己对茶的认知做起。

## 让世界再认中国茶

2018 年，在虎嗅 F&M 创新节闭门会上，杜国楹首次对小罐茶的设计理念、商业逻辑进行了阐述。在那段为时不短的演讲里，杜国楹先从他对中国茶的认知讲起，而在这套认知逻辑中也暗藏着中国茶对世界的影响。

早在 2008 年以前，杜国楹刚刚萌生做茶的想法的时候，曾经看到了一段北京奥运会申办成功后，央视记者在非洲某个国家对当地居民的采访。其中有一段对话让杜国楹印象深刻，记者问被采访者："知道中国吗？"对方回答："知道。"记者问："中国都有什么呢？"被采访者说："中国有长城，还有茶。"

在那次演讲中，杜国楹再次提到了这段采访，并说："科技是美国的，奢侈品是欧洲的，而茶是中国的。"这不仅是他的基本认知，也是世界人民的认知。因此，想要在这片叶子上做文章，就不得不先从茶对中国以及对世界的影响说起。他认为，茶不仅是一次"意外的发现"，在历史上甚至是"文明的武器"，不仅是"一种生活方式的记录"，同时是"健康的毒品"。这是杜国楹对茶的四大基本认知。

千百年来，这种生长在深山里的树叶被人们采摘、晾晒、翻炒，最后进入茶杯，落于唇齿之间，似乎已经成了人们生活中必不可少却又司空见惯的存在，很少有人思考"茶"到底是什么，茶文化也在这种淡漠中难以传承。想要解开茶文化的枷锁，不是一件容易的事。“这是需要时间的，忘记文化不行，太文化也不行。”杜国楹这样说。

杜国楹对茶的认知比较丰富，在他看来，茶是一次意外的发现。关于茶的起源，在国内有四种说法。其中，在民间广为流传的是“神农说”。有传说茶是神农在野外煮水时，偶然有几片叶子飘进了锅里，没想到煮出来的水居然色泽晶莹，口感清香无比。从此，茶成了一种新的饮品。这是国内关于茶叶起源最普遍的说法。

在后来的历史中，人们不难发现，茶不仅起源于意外的发现，也在不断以新的意外发现丰富着自身的种类，形成了颜色各异、功效不同的品类茶。这些意外的发现大多和制茶技艺有关。后来，这些技术被广泛地传播到世界各地，又在新的国度里发生了新的变化，被赋予了新的元素。

最先引起杜国楹注意的也是作为“意外的发现”的“茶”。在探访茶山的旅途中，杜国楹发现，这些长在深山里的茶树从外观上来看并没有太大的差别，但是随着历史的变化，一片片叶子在不同的历史时期就变成了不同的茶，这是茶叶神奇的地方。

时至今日，中国几大名茶的由来，无一不是意外发现的，甚至和战争也有着说不清道不明的缘分。作为一种古老的双子叶茶树，茶叶始终和人们的生活密切相关。相传，在古代福建桐木关一带，曾经发生过一场战争，为了躲避战争，当地的茶农逃难时迫不得已把一大批不便携带的绿茶留在了茶场。战争结束后，茶农们回到茶场，竟意外地发现，那批绿茶已经发酵，并散发出一种奇异的香气。这种香气是从前从未闻到过的。茶农们不舍得扔掉这些茶，就开始对这种发酵茶进行烘焙，冲泡来喝，并因其冲泡后的茶汤呈红色而将它叫作“红茶”，这种被意外发现的茶就是红茶的前身。

红茶的鼻祖是中国武夷山地区的正山小种，在武夷山桐木村生活的江氏家族是生产这种红茶的茶叶世家，至今已经有 400 多年的历史了。17 世纪早期，这种意外被发现的茶开始流入欧洲，1662 年，葡萄牙凯瑟琳公主嫁给了英国国王查理二世，嫁妆里的几箱来自中国的正山小种也因此走进了英国宫廷。1689 年，英国开始在中国福建地区设立基地，并大量收购中国的茶叶，自此以后，大量武夷茶流入英国大众市场，并迅速成为西欧国家的茶饮主流。由于这种茶叶颜色较深，英国人惯用“Black tea”来称呼它。

另一个“意外的发现”来自我国福建的闽北、闽南以及广东地区。这种后来被日本人称为“美容茶”“健美茶”的茶叶也就是我们今天常说的乌龙茶。在古代，茶农上山采茶，多背着竹篓往返，上山下山的途中，竹篓里的茶叶被来回晃动，居然产生了一种特殊的香气。人们对这一意外的发现加以发挥，就产生了乌龙茶的摇青工艺。乌龙茶的前身起源于福建地区的北苑茶，这也是福建最早的贡茶，其成品属于龙团凤饼。在皇甫冉送陆羽的采茶诗里，对这种茶叶的采摘进行了生动的描写。

新鲜的嫩叶被采摘以后要经过一天的时间，在竹篓里摇荡、积压后才可以开始蒸制，原料在积压的过程中会发生部分红变，也就是说，芽叶经过酶促氧化的部分会变成紫色或褐色，这是乌龙茶被发酵的开始。现在的中国十大名茶之一——安溪铁观音就是乌龙茶中的极品。铁观音茶香的高持久度更有“七泡有余香”的美誉。

在我国茶叶的六大分类里，白茶的加工也颇为有趣。白茶主要产自福建省福鼎市和政和县，是一种经过轻微发酵后，身披白色茸毛的茶，由于加工过程中只需要经过微发酵和烘干，不杀青也不揉捻，因此，白色的茸毛得以在茶叶的表面完整保留，看上去如银似雪，香味甜醇。

而远销海外、在国内销量也比较大的绿茶是几种茶叶当中唯一不经过发酵工序的，茶工们取茶树的新叶或嫩芽，只经过杀青、揉捻、烘干等加工工艺，最大限度地保留了茶叶的天然香气。顾名思义，绿茶因茶汤呈绿色而得名，比较著名的绿茶包括西湖龙井、碧螺春和六安瓜片等。

杜国楹关于茶的第二个认知是，在历史的变迁和茶叶的传播过程中，作为“一种生活方式的记录”，茶在包括中国、英国、日本等国的日常生活场景中频繁亮相登场，也是世界三大饮料中，最“有讲究”的一种饮料。

在中国，从广东省潮汕地区兴起的“工夫茶”，作为一种当地特有的传统饮茶习俗而久负盛名，以至被称为“中国茶道”。最先把“工夫茶”作为一种习俗载入文献的，依然见于清代俞蛟的《梦厂杂著》，这位自乾隆五十八年（1793 年）至嘉庆五年（1800 年）在任广东兴宁典史的晚清官员对潮汕工夫茶的器皿、生火、温壶、纳茶、点茶、请茶、闻香等程序进行了详细的记录。直到今天，在我国南方地区，茶依然是待客佳品。尤其是在商人们的办公桌上，精美的茶具和被精致容器装盛的茶叶是必不可少的。

而在遥远的英国，作为一种生活方式的“下午茶”也源于中国茶的传入。在传统的英国社会中，妇女的地位很低，类似酒馆、咖啡厅这样的场合，她们是不能出入的。但自从中国的茶叶传入英国，这种口味清淡、价格低廉的饮品给她们提供了这种可能性，并逐渐成为英国妇人们聚会的首选。无法外出工作、缺乏社交的她们通过与女友喝茶聊天的方式摆脱孤独，排遣内心的苦闷。久而久之，英国的下午茶就成了一种新的风尚，对中国茶叶的需求量也持续攀升。同样受到茶文化影响而产生的日本抹茶道也是茶作为生活方式的记录之一。

但事有两面，贸易的繁荣背后也暗藏危机。到了 18 世纪，茶开始成了“文明的武器”，这是杜国楹对茶的第三个认知。之所以这样说，是因为历史上的很多战争都是因为贸易引起的，而茶叶贸易的繁荣正是清政府贸易顺差中的重要表现之一，是不可缺少的一环。在世界范围内，因为茶叶贸易引起的战争不在少数。在我国历史上，杜国楹甚至觉得，鸦片战争的背后就是茶叶的战争。

早在1773年12月23日的《马萨诸塞时报》上就有这样一段描述："涨潮时，水面上漂满了破碎的箱子和茶叶，自城市的南部一直延绵到多彻斯特湾，还有一部分被冲上岸。"这是关于1773年著名的"波士顿倾茶事件"的报道。

当时，英国政府为了倾销英国东印度公司的积存茶叶，通过了《救济东印度公司条例》，导致东印度公司迅速垄断了美洲殖民地的茶叶运销，面对高昂的茶叶税和东印度公司对市场的垄断，殖民地茶商们的生活陷入了举步维艰的境地，因此他们极为愤怒。

1773年11月28日，英国东印度公司一艘名叫"达特茅斯号"的商船停靠在了波士顿附近的港口，并在格里芬码头卸下了除茶叶之外的其他货物。这种压迫性的倾销让当地茶商忍无可忍。12月26日，殖民地的80名"自由分子"乔装成印第安商人登上了这艘茶船，将342箱茶叶全部倒进了大海。这就是历史上著名的"波士顿倾茶事件"，该事件也因此成了美国独立战争的导火索。

同样由茶叶贸易引起的战争在19世纪中期再度上演，这一次的主角是自称"日不落帝国"的英国和茶叶原产国中国。当时，由于中国以茶叶、陶瓷、丝绸等为主的本土制品的大量出口，英国政府为了扭转巨大的贸易逆差开始向中国倾销羊绒和毛呢，然而市场反响却非常平淡。面对这个关闭国门多年的东方古国，英国政府急需一个能够轻而易举打开国门的武器，于是他们开始在印度殖民地广泛种植鸦片，并把这种能够让吸食者上瘾的毒品大量销往中国。1840年，鸦片战争正式爆发，英国称这场战役为"通商之战"。茶叶的确不是引起鸦片战争的导火索，但战争的原因也是复杂的，作为在清政府贸易顺差中做出过巨大贡献的一分子，茶因此被视为“文明的武器”。

同时，鸦片战争对中国的茶毒也让人们因此看到，作为文明武器的“茶”所具有的庞大影响力。这种影响力可以让一个东方文明大国险些因“一壶茶”而断送国家命脉，也可以把一个国家的文明带到世界各地，影响当地的民众，成为一种由历史见证的生活方式。

杜国楹对于茶的最后一个认知则是“健康的毒品”。制茶技艺的偶然发现让中国茶品类繁多，同时，由于制茶技艺的不同，茶叶里所含有的微量元素也不同。单拿红茶举例，红茶在加工过程中所发生的变化使其富含胡萝卜素、维生素 A、钙、磷、镁、钾、谷氨酸等多种营养元素，因而可以帮助胃肠消化、促进食欲，同时有利尿、消除水肿、强壮心脏的功能。其中富含的黄酮类化合物具有抗酸化的作用，能够在一定程度上降低心肌梗死的发病率。中医认为，红茶性偏温和，适合冬天饮用。

和咖啡、可可一样，作为世界三大饮料之一的茶同样来自植物，是一种成瘾性比较强的嗜好品。但不同的是，同样是植物饮料，茶是唯一的对人体有很多有利功效的饮料。茶叶中含有大量的有益成分，包括具有抗氧化、抗炎、降低心血管发病概率、降血脂、减少体脂形成、抗菌、改变肠道菌群生态等多项功效的茶多酚，也包括能够延缓衰老以及美容作用的茶色素，还包括能降低血糖的茶多糖以及改善大脑血液循环的 Y- 氨基丁酸。甚至有研究表明，茶叶中含有的茶氨酸对阿尔茨海默症、帕金森及自主神经功能紊乱都有预防作用。因此，杜国楹认为，茶也是“健康的毒品”。

同时，茶是一种有许多禁忌的树叶。依然拿红茶举例，红茶是不适合结石病人或患肿瘤的人饮用的，贫血和神经衰弱的人也不宜饮用红茶。

在这些大大小小的叶片中，杜国楹看到了一段又一段神秘的故事，这将是他新的商业版图中唯一的主角。他认为，无论是作为“意外的发现”还是“文明的武器”，无论是“生活方式的记录”还是“健康的毒品”，茶作为世界三大饮料之一始终是人们生活中不可或缺的部分，他希望拨开历史的尘烟，找到关于茶的商业密码，让这个有着举足轻重地位的“国产饮料”再次彰显中国茶的魅力。这是对历史的一次回应，也是对自己多年来创业旅程的一个交代。

## 使命：打造中国本土化品牌

为了让中国茶走向世界，杜国楹在创立小罐茶之前非常谨慎，他甚至表现出了在创立任何一个产品之前都没有过的谨慎和深入。在后来的演讲中他说，让中国茶实现从茶园到茶杯的转移，打造本土化的品牌，是小罐茶的使命和初衷。

这个使命让很多人想起英国立顿品牌的广告词——从茶园直接进入茶壶的好茶，但是对杜国楹来说，从茶园到茶杯还有另一层意义。中国茶叶远渡重洋到达陌生国度，在那里发生了新的改变，也被那里的人高度认可和接受，这说明，想要了解茶叶或者接受茶叶，并不是一件困难的事。因此，中国茶不该在本国遭到冷遇。在创业新阶段，他的使命就是让茶叶明明白白地完成从茶园到茶杯的里程。

带着这样的信念，2012年，杜国楹和创业合作伙伴一起进入茶山，在大山深处，产品经理徐海玉带着其他两名同事开始了对山间茶农的拜访，并试图在这个过程中寻找到可能合作的茶企或茶场。在做市场调研的时候，他们发现，中国不缺茶山，不缺好茶，也不缺世代以制茶为生的大师级人物，唯独缺少中国茶的本土品牌。

在杜国楹看来，这种现状可以解释成，在用户的困惑和上游的资源供应之间缺乏一座桥梁——品牌。他认为，通过品牌是可以解决现阶段严重的信息不对称问题的。他也坚信，在未来的二三十年里，中国茶将进入一个品牌时代，作为农产品的茶将在新时期逐渐淡出市场，不再是茶叶贸易中的主流，但它会永远存在，而作为品牌的、标准化的以及消费品的茶将成为未来市场的主流。

杜国楹说："我非常坚定地相信这一点。一个传统的、低效的渠道模式终究会被迭代掉，只是需要时间而已。"

和前几次创业不同的是，杜国楹这次的目标用户不再是高端商务精英这样的小众群体，而是大多数消费者。他希望小罐茶能够通过全品类、全渠道的生产来覆盖中国大多数消费者的喜好。如果说英国的立顿是将外来的中国茶再次推向世界，那么杜国楹想做的事就是让中国人再好好品品中国茶。

经过历史的变迁，中国茶的呈现方式已经发生了巨大的改变。想要打造中国本土品牌，首先要打破消费者对茶叶的认知壁垒，面对种类繁多的中国茶，在品牌创立前，杜国楹做足了功课。他发现，每种茶都有不同的产地、名字、制茶工艺、茶汤的颜色、功效和口感特点。因此，在这个庞大的行业中，茶叶常常给人一种鱼龙混杂的感觉。这主要源于两点：第一，中国产茶区广袤，茶叶种类繁多，有时候即便是同一个地方的茶，哪怕茶山不同，品质也会有所差异；第二，在中国茶行业中，一直保持着小作坊式的生产方式，即便是同一种茶，采用的制茶技艺有时候也会有所差别，从而导致口感、价格的不同。茶是一门学问，但和立顿不一样的是，英国当时只大力发展了红茶在国内市场的发展，而中国人面对的是一整段烦琐、深奥的关于茶的历史。

直到近几年，国内逐步建立了茶叶原产地的概念，茶客们才开始把茶和产地挂上钩。对此，杜国楹结合自身优势以及行业发展现状，表示建立一个中国的茶品牌是很有希望的，毕竟，在整个行业开始逐渐意识到茶文化重要性的今天，结合产品做品牌本身也是杜国楹的优势。品牌的核心是标准化，标准化依靠工业化。目前，食品行业的工业化生产已经进入非常成熟的阶段，那么茶叶为什么做不到呢？

尽管在进入这个行业的时候，基于产品做品牌的想法并没有十分具象化，但在行业空白处建立品牌的机会却是显而易见的，这是杜国楹的基本判断。另外，在茶山的四年走访生活，也让杜国楹逐渐完善了一套问题解决方案。他说："走向世界的应当是品牌，而不只是产品。茶是蕴含千年华夏历史的中国符号，我们要用新的理念、新的产品形态、新的标准、新的技术以及新的生态，成为第一个走向世界的新中国茶。"[1]

[1] 宋学宝、曹珊珊：《小罐茶：传统茶行业的变革者》，清华大学经济管理学院案例中心。

第七章

# 小罐茶大洞察：打破认知壁垒

“两年过去了，品牌名还没确定；三年过去了，产品还没做出来；一个亿快花完了，还没开始卖。我们甚至做好了六年不盈利的准备。”这一次，杜国楹一改常态，面对酒有茅台、烟有中华，茶叶却没有自己的品牌的局面，杜国楹在小罐茶的品牌创立上下了大力气，花费了几年时间，其目的是疏通中国茶的逻辑，洞察行业潜力和可能性，打破消费者的认知壁垒。

## 中英茶企的巨大差异

如果说杜国楹在茶山和后来的那些年里所做的努力都是为了打破消费者的认知壁垒，那么，在此之前，他做的更重要的一件事就是反思。这种反思是对整个茶行业发展现状的反思，是梳理逻辑链条的关键一步。

根据相关数据，2008 年，联合利华立顿一家茶业年产值就达到了 230 亿元人民币，这是当时中国整个茶业年产值的三分之二。[1] 2016 年，中国已有本土茶企约七万家，出口总额为 14.8 亿美元，而此时的立顿，全球销售额已经达到了 30 亿有余。数据上的巨大差异让立顿这家全球最大的茶业品牌成了中国茶企的高远目标。“七万茶企不敌英国立顿”的说法越传越广，给中国的茶业发展蒙上了一层迷雾。

结合中国茶业的实际情况和英国茶企的发展脉络来看，这种后来者居上的局面不仅是历史遗留问题也是现实问题，这是两国茶业背景的差异所在。

从茶叶发展历程来看，在英国成为海上霸主之前，中国的茶叶已经因极度畅销和生产力落后这种矛盾局面而引起了英国茶商和政府的

[1] 高水练：《中国茶业不要立顿模式》。

关注。因此，那个发明了蒸汽机的国家开始试着把茶叶生产纳入机械化生产的队伍里，这种尝试，使两国的茶叶生产迅速拉开了距离，小农经济的生产模式和生产力的落后，毋庸置疑地无法与异国的机械化生产相较。在产量和标准化方面，英国作为非茶业产区，以其先进的生产力奋力赶超，并逐步处于遥遥领先的地位。

17 世纪，中国茶漂洋过海来到了英国，很快就以其清淡的味道让那些金发碧眼的外国人着了迷。从咖啡店到公园再到英国家庭中的茶桌，这种来自东方的几经加工的树叶带着挥不散的香气到了这个陌生的国度，并让这个国家的人民对它越来越依赖。

到了 18 世纪，喝茶已经成了整个英国最寻常的事。据统计，自 1711 年至 1810 年，英国政府仅在茶叶一项上就持续获得了高达 7700 万英镑的税收。可见茶叶在英国的畅销盛况。

对茶叶需求量的持续增长，引起了英国政府的注意。当地的经销商和企业家也对这种来自东亚大陆的树叶产生了浓厚的兴趣。当时，工业革命的兴起使英国的国力大幅度增强，远超欧洲大陆的其他国家。在这种情况下，他们希望能有人将中国的茶株带出中国，在英国或其他地区大规模种植、机械化生产，降低成本，提高利润。于是，1792 年，英国首次派代表团出使中国。

“把茶株带出中国”，这听起来是一个很难完成的任务。有文献记载，当时，中国政府对茶叶贸易的重视程度很高，任何涉嫌偷运茶叶的人，其头颅都将得到政府的高额悬赏。同时，政府还将对涉案船只进行扣押。但英国使臣还是将这种植物成功地带出了中国，并移栽到了位于印度加尔各答的植物园里。这些来自中国的茶株开始在异国他乡的土壤里繁茂地生长起来，在西方人眼里，这是他们渴望已久的“绿色黄金”。等到茶叶大丰收的时候，机械化的生产将帮上大忙。

茶叶在印度的广泛种植为英国的茶叶发展提供了原材料基础，自此，中英茶业的发展开始因两国茶业发展背景的差异而演绎出不同的局面。

当时的中国，茶叶生产依然停留在手工作坊阶段。在工具上，人们使用最古老、简单的工具来生产茶叶，这种工具从 9 世纪到 19 世纪几乎就没有变过，而这个时候的英国已经开始使用机器；在规模上，中国茶叶的种植依然以小家庭为单位，英国人则更倾向于在殖民地发展大型的种植园；在加工方式上，以乌龙茶为例，从采摘到晾晒再到摇青、揉捻、烘焙，全都依靠茶工们手工完成，好处是，这种纯手工操作会使茶叶更加紧密、卷曲，劣势是，手工加工方式不仅消耗了巨大的人力，而且产量极低也不卫生。杜国楹或许在访问茶山的时候对此深有感触，他大概在一些小作坊里看到了仍然保留至今的这种比较原始的生产方式，总之，在关于小罐茶的演讲中，他曾直言，看过了茶叶生产以后常觉得第一泡茶最好不要喝。

到了 19 世纪 70 年代，英国的茶业发展已经是另一番景象了。1872 年，第一台茶叶揉捻机在阿萨姆邦的 Heeleakah 茶园里启动，发明者杰克逊使英国的茶叶生产顺利地进入了机械业务时代；1877 年，杰克逊又在此基础上发明了“Rapid”（高速型）揉捻机，并大批量生产这种机器；1884 年，杰克逊设计制造了第一台热风干燥机；1887 年，第一款茶叶解块机问世，这些新的发明在很大程度上提高了英国的茶叶生产力。

除了生产力的落后，在茶叶运输方面，中国所耗费的人力和时间成本也更大。根据英国旅行家伊莎贝拉·伯德的描述，当时中国的茶工需要背着沉重的茶砖穿过各种复杂的地形，将茶叶一站一站地运到目的地。这种人力运输的方式延续了几个朝代之久。反观当时的英国，蒸汽机的发明已经使人力和动物不再成为主力，取而代之的是蒸汽船和 19 世纪后期的铁路网，这张铁路网从英国修到了阿萨姆，大量的茶叶就这样被源源不断地输送到英国。

两国生产力的差异让中国的茶叶霸主地位发生了动摇，甚至有了被超越的危险。鸦片战争爆发后，中国国力的迅速衰落让茶叶贸易进入了扭曲的发展阶段，直到中华人民共和国成立后，才开始重振茶叶贸易。

## 七万茶企不敌英国立顿？

立顿创建于1890年，不仅是英国传统茶叶品牌，也是全球最大的茶业品牌。1972年，最著名的个人消费品集团联合利华收购了立顿的全线品牌，从此以后，立顿开始盛行于国际市场，这也是立顿开始强势的市场扩张之路的起点。1992年，这家来自大洋彼岸的茶叶品牌敲响了茶叶原产国——中国的大门。

这似乎是一种新的缘分，从中国走出去的茶在异国他乡扎根、发芽，吸收了欧美大陆的阳光和雨露，又几经加工，辗转回到了它的故乡。当时的中国正处于经济高速发展阶段，人民生活水平显著提高，至1997年，立顿在中国百家商城系列调查中获得了茶包销售额第一、市场占有率第一的亮眼成绩。那时候，我国本土的茶叶品牌不少，但是知名的不多，茶叶包装也较为简单，金属罐和真空茶包居多，既不方便携带，也不便于储存。和立顿相比，中国茶显得没有那么"洋气"。

随着市场的扩张，立顿开始推出更加多样化的茶包产品，包括立顿即饮茶、立顿绿茶、立顿茉莉花茶、立顿柠檬茶、立顿苹果茶、立顿奶茶，等等。如今，无论是在超市还是在街边便利店，这种包装简洁、便携、易冲泡的茶包不仅满足了更多人的口味，而且成了年轻人和办公族的新宠，中国的传统茶叶则多被束之高阁。

几万家茶企在一个外来客面前黯然失色，颇有一种"他山之石，可以攻玉"的味道。起初，这种差距和后来者居上的局面让很多茶商悲观不已，但是随着时间的推移和行业的发展，在业内，也逐渐开始有了"中国茶不要立顿模式"的声音。一方面，"七万茶企不敌英国立顿"的说法主要源于英国立顿和中国茶企销售额的数据差异，茶商们认为，这并不能说明中国茶企在其他方面也逊色于英国立顿；另一方面，中英茶业发展的背景差异决定了两国茶企发展模式的不同。

首先，从地理因素来看，常年日照不足、昼夜温差较小的英国，其地理条件本就不适合茶树的生长，国内劳动力成本较高也是茶业生产的制约因素，为此，英国采取的是原料进口及国外设立生产基地的模式，适合机械化、标准化大生产；中国则不同，幅员辽阔的地理优势不仅使中国拥有大面积的茶叶产区，而且也因跨越气候带之多、地形之复杂成了世界上唯一生产绿、红、白、黑、青、黄六大茶类的国家，加之农村劳动力成本低廉以及悠久的茶叶生产技艺的传承，我国更适合发展中小型茶企。

其次，从品牌所针对的消费者群体来看，英国立顿主要面向欧美、澳洲、中东等国家。西方人不同的饮茶习惯使这种适合独饮的、口味浓烈的茶包更受欢迎；而我国的茶叶品牌出口方面以低档茶为主，内销方面则面向广大消费者，无论这些消费者之间存在多少细分的差异，和西方人相比，我国消费者更习惯冲泡茶，并多为应酬场合的对饮，在口味的选择上也更具丰富性。

最后，生产方式的差异决定了两国茶叶生产定位的不同。在英国，农业生产已经进入了规模化和现代化的水平，更适合生产标准化的茶；在我国，尤其是茶叶产区较为集中的南方地区，人工采摘、揉捻等手工生产方式仍被保留至今，依靠人工经验、小农经济发展模式的茶企，更适合生产品质较高的名茶。

综合以上差异，不难得出一个结论——中英茶企的发展是各有千秋的。因此，业内开始有了“中国茶不要立顿模式”的声音。

尽管如此，作为有着最悠久的饮茶历史的茶叶原产国，中国茶业的发展缺乏标准化、规范化、品牌化也的确是不争的事实，茶业的发展和崛起亟须品牌的引领，小罐茶的出现，在这方面是具有重大意义的。

## 把中国年轻人从咖啡的怀里抱回来

在中国，茶是流传了千百年的民族文化，但是中国的年轻人却被咖啡抱走了。和茶一样，咖啡也是世界三大饮料之一，11 世纪左右，人们开始把这种原产于非洲埃塞俄比亚高原地区的植物作为一种饮料。到了 15 世纪以前，这种被西方的医生和僧侣们认为具有提神、醒脑等功效的植物开始应用到医学上。这和茶叶的发展史特别相似，但在后来的传播和发展中，二者却走上了截然不同的道路。

16 世纪，天主教人士认为，咖啡这种会让人兴奋的饮料是“魔鬼饮料”，希望予以禁止。但教皇却对咖啡给予了高度认可，并未禁止咖啡在欧洲的种植和普及。于是，在茶叶开始从中国传入西方的时候，咖啡也开始从西方传入中国，这是一种贸易上的交流，也是一种文化的相互渗透。“叶子”和“豆子”经海上运输进入了陌生的国度，并在世界各地产生了不同的影响。

和英国人喝茶的历史相比，中国人喝咖啡的历史并不长，但在 21 世纪的今天，让杜国楹和很多茶商感到无奈且痛心的是，中国的年轻人已经被咖啡抱走了。

20 世纪初，咖啡在中国的种植并不广泛，由于对生长环境的特殊要求，以及国内受众对咖啡的接受度并没有欧洲人对茶叶的接受度那么高。因此，这种被欧洲人称为“黑色金子”的植物只在中国云南、海南、台湾等地小范围种植。

最早一批喝咖啡的中国人大概是民国时期的晚清名流和开明绅士，与西方人的交往越发频繁以后，这些人开始到西方人的府上做客，对方便用他们钟爱的饮料招待中国客人。于是，咖啡就这样被端到了中国人的面前，并成了一种社交饮品。这种会让人有些上瘾的饮料逐渐成了绅士名流们的新宠，并在这些人的带动和影响下成为一种潮流。另一批被咖啡影响的是中国文人和政界精英。民国时期，咖啡馆开始出现在诸如上海这样的大城市，鲁迅据说是上海四川北路 998 号公啡咖啡馆的常客，郁达夫、孟超等左翼作家也是咖啡馆里的老面孔。这种新的社交场合的出现，给文人政客们提供了更便利的写作、读书、洽谈的场所，“喝咖啡”也成了一件和“气氛”更加相关的事。

20 世纪二三十年代，咖啡开始出现在国产电影中，自此名声大噪，并成了“时尚”的象征。20 世纪 90 年代，港剧文化对中国内地的年轻人影响颇深，早茶、下午茶、咖啡、便利店、电车、英文，这些曾经和人们的生活十分遥远的东西开始引起年轻人的注意，在麦乳精、高乐高等速溶饮料开始走进人们生活的时候，雀巢速溶咖啡作为一种西方传入的饮品也开始出现在中国各大商超的货架上，方糖通常被摆在咖啡饮品旁一同售卖。

很快，咖啡店开始出现在中国各大城市的街头，1999 年，第一家星巴克门店在北京开业。这家成立于 1971 年的来自美国华盛顿州西雅图的公司将咖啡文化带到了中国的消费市场，并在后来的几十年里长久而深刻地影响着中国的年轻一代，掀起了一阵对咖啡的追捧热潮。

进入 21 世纪以后，咖啡对中国年轻一代的影响力非常迅速而广泛，随着大城市生活节奏的加快，职场环境的不断更新，新一代职场人开始有了新的工作和生活方式。最开始，人们因咖啡的时尚性而纷纷加入饮用咖啡的大军，星巴克也在某种层面上成了一种消费能力和生活圈层的隐性象征。如今，在北京、上海、广州、深圳等地，星巴克的橱窗后面常常能看到戴着耳机、面前摆着笔记本电脑的办公族，他们的手边永远有一杯喝了许久的咖啡。

这有点像历史在现实生活中投下的倒影，近百年前，像鲁迅、郁达夫这样的文人也曾经因为喜欢咖啡馆的特殊氛围而把工作、思考、写作等活动挪到这里来进行。如今，中国的年轻一代同样喜欢在这种环境里讨论工作和人生。

后来，随着工作节奏的加快，加班族开始出现，咖啡这种曾经被批评为会让人上瘾、影响睡眠的饮料，开始成为人们用来提神醒脑的神器。

除了工作场合，咖啡在社交场合同样占据着不可替代的位置。在北京三里屯、南锣鼓巷，上海外滩，广州沙面岛等文艺青年聚集地，咖啡已经成为一种新的风尚，各种各样的拉花造型吸引着文艺青年们，僻静的角落或天台是商务精英聊天的好去处。

因此，在对中国茶做产品调研的过程中，杜国楹发现，咖啡和茶对于中国的消费者来说已经成了两种截然不同的东西，尽管咖啡的兴盛并不能代表茶业发展的衰落，但是喝茶似乎是老一辈人更加钟爱的事情，这是不争的事实。现在，人们依然习惯于把喝茶和看报联系到一起，而咖啡则更受年轻人的青睐，是“文艺”“休闲”的代名词，是一种新的生活方式，甚至是小资生活的标配。尽管近几年，咖啡和茶开始逐渐有了融合的趋势，但在杜国楹看来，想要弘扬民族茶文化，还是要把中国的年轻人从咖啡的怀抱里抱回来。但是，如何“抱回来”，是杜国楹一直在思考的问题。

## 探寻茶业症结

“中国茶实在太复杂了，外行人不尊重茶行业的基本规律，内行人从老路径又走不出来。”在某资深媒体人对杜国楹的采访中，关于茶行业的复杂程度，杜国楹表示出新的担忧。

和之前开创的几个品牌不一样的是，这一次，他需要理顺一种逻辑，那就是中国茶叶的老路径到底出了什么问题，茶行业新的商业规律又是什么。在中国非物质文化遗产论坛大会上，杜国楹表示，如果咖啡是西方的写照，那么茶就是东方的写照。茶是中国传统文化不可分割的一部分。起初，他认为，想要做好茶，首先要找到那些还在喝茶的人，或许在他们身上，不仅能看到中国茶业发展的症结，还能看到中国茶始终饱有的魅力。

作为茶叶的故乡，中国人的饮茶习惯其实从神农时代就已经开始了，慢慢传入宫廷，又从宫廷传到民间。在千百年的文化流传中，茶已经成了中华民族的一种符号。中国人有一句老话叫“君子之交淡如水”，指的也是清香的茶水。从古至今，给客人沏一杯茶是中国人的待客之道，但有一个特别奇怪的现象是，把茶作为自饮饮品的人群却在迅速缩小。

回顾中华人民共和国成立后我国茶行业的发展情况，杜国楹看到，20 世纪 80 年代之前，中国的茶叶仍然处于计划经济阶段，由国家统购统销。改革开放30年以后，茶才进入了农产品的思维当中，但仍然缺乏集约化、标准化、品牌化的充分洗礼。

杜国楹认为，当下中国仍然在喝茶的用户可以分为三类，分别是茶小白、茶习惯和茶领袖。所谓的“茶小白”指的是那些不怎么懂茶，但是偶尔也喝茶，也会喝咖啡和其他饮料的人群，他们对茶叶的品质标准、价格标准都没有自己的判断，因此对茶也有些望而却步；“茶习惯”指的是那些把喝茶当成一种习惯的人，比茶小白略懂茶，却也不是非常了解；至于“茶领袖”，指的就是那些茶叶发烧友，他们喝的是一种文化的茶。

目前，中国国内市场上大体只有这三类用户，他们是中国茶叶消费的主力军，杜国楹认为，想要找到茶行业的新逻辑，首先要了解的就是这三类人。他们属于什么样的社会群体？为什么会买茶叶？买茶叶的时候又有什么困惑？解开了这些问题，就找到了打开市场的关键钥匙，这也是解决茶叶销售困局的关键。

然而杜国楹发现，即便找到了这三类喝茶的人，但这些人往往散落在不同的群体当中，十分分散，调研难度较大。因此，杜国楹只能试图在消费者的需求中了解茶叶销售的困境，找到用户的痛点。功夫不负有心人，这一次，他似乎找到了问题所在。

杜国楹将用户需求依然分为三种，分别是买、喝、送。第一个需求是“买”。在国内茶行业市场，用户需求也许一直很明确，但是茶在产品定位上出现了巨大的问题，茶叶的买卖没有一定的标准。由于产区品类的差异，从原料到工艺再到采摘，即便是同一种茶也相差巨大，每个消费者似乎都在买茶的时候遇到过这种情况，同样是西湖龙井，价格却从300元/斤至3万元/斤不等，这背后的底层逻辑是消费者搞不清楚的。因此，买卖也就成了一件“稀里糊涂”的事情。

第二个需求是“喝”。现在很多人不喜欢喝茶，除了觉得喝茶是一件很老派的事情，还有一个原因是喝茶不够方便，长期以来，茶始终不是咖啡、奶茶这种随走随喝的饮料。一方面，冲泡的饮用方法不适合随走随喝，毕竟没有人能随身携带一个茶台或者一套茶具；另一方面，茶叶中含有的茶多酚等物质，使茶叶在接触空气后易氧化、受潮，储存上不是很方便。总体看来，从工具的烦琐到流程的烦琐再到产品特性，人们始终觉得喝茶是一件比较麻烦的事。

第三个需求是“送”。作为中华传统文化的符号，茶叶一直是人们送礼的首选，但是由于买卖价格没有标准，送礼的人和收礼的人对礼品的价值常常会有很大的误解，这也让茶叶销售陷入一种困局。

因此，从某种程度上来说，中国茶企一直在寻找还在喝茶的用户，用户其实也在寻找懂得消费者需求的企业，双方在寻找彼此的过程中有些迷路，导致茶叶的销售进入了一个相对萎靡的阶段。

于是，为了做好茶，杜国楹开始寻找另外两样东西——参照物和终局思维。

茶的参照物有很多，人们常说的“柴米油盐酱醋茶”和“烟酒茶”都是茶的参照物，酒中茅台就是最好的例子。茶的竞争对手咖啡同样为杜国楹提供了较好的参照物，如雀巢、星巴克。因此，在对茶行业进行探索的过程中，杜国楹常常将这些参照物考虑在内，在极富参考价值的参照物品牌中寻找小罐茶的发展空间和思路。

第二样被杜国楹寻找着的东西是茶叶的终局思维。这关系到“如何站在未来看现在”。关于茶叶的终局思维，他有几个看法：第一，中国茶最好的参照物是西方的咖啡，而不是其他品类的产品。第二，“消费品思维是中国茶做大做强的唯一路径”，其核心是研发的科学性、生产的工业化以及品牌化运营。第三，全品类品牌是行业巨头的唯一选择。第四，要加强茶行业的竞争，因为只有高强度的竞争才能加快行业的进化。第五，根据杜国楹的判断，茶行业未来 20 年将由三条赛道组成，分别是原叶茶、方便茶和茶饮店。三条赛道将用户群体精准划分开来，消费场景也不相同，想要做好茶，就要分别在每一条赛道上找到适合的对策和运营策略。

## 把复杂留给自己，把简单留给客户

杜国楹在创办小罐茶的时候有一套自己的逻辑——为中国茶做减法。这也是小罐茶的核心战略，杜国楹称之为“复杂守恒定律”。也就是说，产品背后的复杂是需要工程师、设计师以及所有的工作人员共同努力去消化完成的。“把简单留给客户”体现在消费体验的便捷上，这会让认知变得简单，购买和饮用也会变得简单起来。

这套逻辑的确定是因为小罐茶最主要的目标用户是前文提到的“茶习惯”，这群人将喝茶作为一种习惯，但是对茶叶却一知半解。如果一个品牌能够让他们不再有认知上的困难，那么，这群把喝茶当作习惯的人将是小罐茶最主要的用户群体，也是中国茶叶消费的主力军。

于是，小罐茶最初只选定了八个不同的茶叶品类进行打造包装，分别是西湖龙井、黄山毛峰、安溪铁观音、武夷岩茶（大红袍）、白毫银针、滇红、普洱茶和茉莉花茶。这些我们平时耳熟能详却始终不太了解的名茶在国内消费者市场上具有较高的知名度，首选这八种茶有利于让用户在最初接触小罐茶的时候不会太过迷茫。另外，像大红袍和普洱这些在国内已经有了一定消费基础的茶，在品类方面也是占有一定优势的。

除了茶叶的品类，在包装设计方面，杜国楹也有自己的看法。他相信，更多的选择就是没有选择。因此他认为，无论是哪个行业，如果设计师能做更多工作，让消费者不必在本就陌生的茶叶市场里陷入选择困难，就会为销量的提升提供巨大的助力。

在采访中，杜国楹说，小罐茶前三年之所以只做一条产品线，只卖金罐一个产品，就是为了把产品做到极致、简单、标准化。

我国古代的茶一直是小农经济的生产模式，以斤两称重进行买卖。进入清朝时期，茶叶开始和人们的生活息息相关，一些以零售为主的茶庄、茶号开始出现，其中，几大出名的茶庄以粤商和徽商经营的居多。

18 世纪末，先祖在福建从事茶叶生意的伍国莹开办了元顺行，后来，儿子伍秉钧接手了家族业务，在广州十三行开办了怡和行。伍秉钧去世后，弟弟伍秉鉴接手了怡和行的业务，因善于经营，且家族根基深厚，伍秉鉴很快就成了十三行地区的商业领头人，并在国内拥有地产、房产、茶园、店铺等生意，甚至成了英国东印度公司最大的债权人。

有着“近代中国茶王”之称的徐润在 19 世纪中叶也开始经营茶叶生意，与人合作开办了“绍祥”商号，从内地收购茶叶、生丝。1868 年，又在上海开设了宝源祥茶栈，随后，徐润的茶叶生意开始遍布湖南、湖北等产茶区，形成了一个初步的茶叶网络。当时正是我国茶叶出口最兴旺的时期，上海的茶叶出口量占全国总量的三分之二以上，宝源祥作为上海最大的经营出口茶叶的茶栈，备受关注，徐润也因此被誉为“近代中国茶王”。

1916 年，东南亚著名富商唐季珊开设了我国最早、规模最大的一家华商茶叶出口行。根据记载，当时，华茶公司曾经推出过“美女牌”“天坛牌”小包装茶叶，但是在和洋行的激烈竞争下，几年内都没有打开销路。

可见，早在 18 世纪末，我国已经有很多实力雄厚的老字号茶叶品牌，也曾有过大规模的生产，但只是昙花一现。

中华人民共和国成立以后，茶叶和烟、酒一样，由国家统购统销，直到改革开放以后，几大老字号茶庄才重新经国家内贸部核准，相继对外经营。其中，包括由“谢裕大”改名为“天茗庄”的中华老字号茶庄，也包括如今人们耳熟能详的吴裕泰茶庄和张一元茶庄。

1887 年，安徽茶商世家的后代吴锡卿举家迁往北京，并于当年初夏在东四北大街 44 号创办了吴裕泰茶栈，专门经营高档茶叶，供豪门显贵。短短几年内，吴裕泰茶栈从 8 家发展到了 11 家，在北京城内形成了一张大大的茶叶销售网络。20 世纪六七十年代，吴裕泰更名为“红日茶店”，1985 年，茶庄才恢复了吴裕泰老字号，并一直沿用至今。

张一元茶庄开设于清朝光绪年间，1908 年，张文卿在前门外观音寺街路南购房开设了第一间茶庄。如今，这家有着百年历史的茶庄之所以仍然在北京具有极高的知名度，得益于创办人张文卿的经营有方。张文卿不仅在福建产茶区自设茶厂，使茶叶的成本大大降低、品质有所保障，还经常派人到产茶区了解新的行情、售价，随时掌握市场动态，并不断买回当地其他茶庄的茶叶与自己的产品进行对比。新中国成立以后，在北京的多家茶商中，张一元是首个用高音喇叭播放歌曲、戏剧来招揽生意的茶庄。

然而这些老字号茶庄直到今天依然面临着一个问题，那就是产品品类繁杂，价格划分较多，消费者在买茶时常常陷入迷茫。

在杜国楹创业的几十年里，他始终认为让消费者省心是一大关键。茶叶在很大程度上对消费者设置了过高的门槛，不懂茶的人并不是不想买茶，而是没有办法完成买卖，因为他们连这些茶叶的区别都不太了解。

“品牌应该用自己的能力告诉消费者真相。”这是杜国楹决定做茶叶以后，自己的感慨和决心。在关于小罐茶的一次演讲中，杜国楹表示，任何需要消费者花费心思去了解的行业都很难获得成功。实际上，一个好的产品，应该是让消费者尽量省心的，经营者和设计师要把一切能想到的都做到，填补认知上的空白，提升人们对产品的接受度，而这一切其实要依靠产品的标准化来实现。

在机械化大生产时期，很多国外品牌已经比我们先意识到了这一点，或许他们只是为了提高生产力、降低成本，但却无心插柳地使产品走入了标准化的轨道，给消费者提供了更加精准简约的选择方案。

杜国楹开创小罐茶就是希望达到这种效果，他认为消费者在不懂茶的情况下，进入琳琅满目的商店便会产生更大的选择困难。因此，杜国楹采用小罐包装的方式将消费者的选择锁定在唯一的维度——选择你想喝的茶。至于茶叶的重量、品级、价格都是一样的，这样一来，消费者的选择就非常容易了。坚定了这样的想法后，杜国楹和他的团队开始了小罐茶的“大设计”。

## 小罐茶，大设计

“我在这片叶子上不能犯大错误。”杜国楹对“茶”是有一种敬畏精神的，作为一个喝了几十年茶的商人，他始终认为中国茶有太多值得敬畏也有太多需要改进的地方。在小罐茶的研发过程中，杜国楹除了对茶叶生产上游做足了功课，对产品设计也花费了很大的心力。

“茶是蕴含千年华夏历史的中国符号，我们要用新的理念、新的产品形态、新的标准、新的技术以及新的生态，成为第一个走向世界的新中国茶。”这是杜国楹做小罐茶以后的理想。

面对市场上鱼龙混杂的“三无茶叶”，杜国楹最先从小罐茶的包装着手，希望在产品包装上让茶叶成为有明确的产地、生产日期、品牌等重要信息的产品。

谈到如何看待茶行业，杜国楹也说到了茶叶的标准化生产，他认为茶叶的背后一定是依靠科学的土壤和人文的果实一起发挥作用的。其中，科学的土壤就包括茶叶的标准化，杜国楹否认一些人持有的“原叶无法做标准化”的想法，他认为，只要企业从上游做出清晰的标准，无论是香烟、酒还是大量的普遍的茶，都将走上标准化的道路。

虽然早在小罐茶出现之前，茶包已经在各大宾馆的房间里出现，也成了差旅人士背包里的常客，但是非常尴尬的现实情况是，没有人知道宾馆提供的茶包到底是什么茶，品质也没有太多的保障；至于商旅人士常备的铝箔包装的小包茶叶，在饮用的时候也很不方便，包装一经拆开，这一包茶喝不喝得完都将不再方便携带，而且也不够卫生。

如何能让喝茶变成一件更加方便、卫生、科学的事呢？这是杜国楹和他的团队思考了很久的问题，从 2013 年到 2015 年，整个团队大概用了两年半的时间，推翻了上百款设计方案，经过了对几十种材质的探索，创造了一种新的包装方式。这是产品进入标准化的第一个初级问题。最终，他们决定采用小罐包装。

这种出自日本知名设计师神原秀夫之手的金属材质包装设计，得到了杜国楹的高度认可，他觉得金属小罐是一种更方便、更卫生、更易于保存、更有颜值、更富体验感的包装方式。

2014 年年底，确认包装以后的小罐茶按每罐茶叶 4 克的统一标准，开始了流水线的生产，产品经理徐海玉将此视为“中国茶进入工业时代的标志”。徐海玉说：“经过工业化洗礼的行业，均存在着统一的包装标准……只有建立了包装的标准化以后，才能建立品质和价格的认知。”

与此同时，小罐茶还为消费者提供了具体的冲泡提示，也就是说，这大大消除了外行人喝茶时的冲泡困扰，消费者可以做到“傻瓜式泡茶”，门槛的降低和明确标注的冲泡提示，在一定程度上将会为中国茶培养更多忠实的用户。

包装和重量的标准化使小罐茶迎来了价格的标准化，每罐 50 元是唯一的定价标准，用户只需选择购买哪种茶，以及 10 罐的规格还是 20 罐的规格，其余的都不用操心。

小罐茶的包装、重量、价格确定以后，杜国楹放慢了脚步，在产品面市销售前，杜国楹开始安排团队对金属小罐进行无数次的打样，这不仅包括罐子的颜色与质感，也包括压膜的纹理与质感，他想要找到一种近乎完美的包装，希望在打磨的基础上再打磨。这也是人们第一次看到杜国楹在细节上有这样执着的追求。

其中，最耗费时间的研发环节发生在“撕开包装膜要用多大的力”这件事上，如果小罐茶要追求的是一种高端的用户体验和其他品牌茶不曾有过的品质，那么在任何一个细节上，都应该让消费者感到舒适，杜国楹认为，在这种会给人们带来手感体验差异的环节上，小罐茶不能落在后面，撕拉的力量应该不像人们撕开一瓶酸奶那么容易，但也不应该需要太大的拉力。

为了找到最佳的答案，他不惜设置了一个专门的岗位，聘请不同年龄、性别的工人来反复体验撕膜的质感差异，这个过程持续了一年多。最终，经过反复的试验，根据数据统计，18N 的力是最合适的开启力大小，“力小无质感，力大易撕裂”的情况将不会在小罐茶身上出现。那种被杜国楹看作“最顺滑的一撕”的力也终于找到了。

考虑到茶具的选择也非常困难，因此，杜国楹在茶具设计方面也下了很大的功夫。他将喝茶的场景分为三类，分别是差旅、自饮和招待，并针对这三种场景生产了对应的茶具。其中，最具有代表性的设计是非常出名的由小罐茶公司精心打造的 110 毫升茶杯。

传统的工夫茶在今天看来已经显得有些烦琐，一口一杯的茶具设计让喝茶的人和倒茶的人都感到麻烦，尤其在招待场景中，客人茶杯里的茶喝完了，主人就要立刻动手续茶。到了办公场景，不那么考究的招待者会用一次性纸杯为客人沏茶，这不仅不够正式，而且常常因为纸杯的保温性和容量，导致客人离开的时候杯子里的茶已经凉了，甚至剩下了大半杯。

小罐茶希望通过细节上的设计为中国的消费者提供一套完整的喝茶解决方案。因此，经过不断的试验和测算，110 毫升被验证为最科学的容量。经过实验，一杯 110 毫升的热茶将在 5 分钟后冷却到 60 摄氏度以下，在正常饮用的情况下，5 分钟内，大多数人刚好能够喝完这 110 毫升的茶。110 毫升的茶杯就是这样诞生的。

在店面设计上，杜国楹邀请到了全球第一家苹果零售店的设计师蒂姆·科比（Tim Kobe），这也是他在中国的第一个作品。这种更加现代化的店面设计在某种程度上完全改变了中国传统茶叶的售卖方式和它在年轻人心目中的印象。如今在小罐茶的各个门店里，用户可以看到琳琅满目的独立包装小罐茶叶，根据茶叶的不同种类，每种包装都采用了不同颜色的塑封膜，整齐、大气、简约的包装被层层摆放，给人一种进了小型茶叶博物馆的感觉。这一切都是杜国楹在小罐茶上做的大设计。

“我们用设计重塑了用户对于茶的消费体验。”谈到小罐茶的设计理念，杜国楹是这样说的。他认为，如果中国茶是意外的发现，那么小罐茶就是用心的设计。

第八章

# 小罐茶大布局：全面布局，打入市场

通过对茶叶漫长历史的回顾及对茶行业的深入研究，杜国楹有了更多的经验和储备，这是他以往任何一次创业都没有的。在达成中国茶走向工业化、标准化的共识后，小罐茶从“大设计”进入了“大布局”阶段，八位国家级非遗传承人的加入及黄山工厂的建设和启用，让小罐茶攀上了一个新的高度。杜国楹也再次发挥广告与名人效应，亲手缔造了一个成功的小罐茶营销案例。

## 八位大师，重磅加入

小罐茶是杜国楹创业多年来第一次融入情怀的品牌，他在采访中多次谈到了自己对中国传统文化，尤其是中国茶文化的热爱。早在千百年前，茶就已经走出中国，走向了世界。这一次，杜国楹希望能够通过品牌化的建立和生产，让中国茶以另一种形式面向世界，同时把中国的本土用户找回来。

小罐茶品牌创立之后，精美的包装和昂贵的价格立刻成了消费者最好奇的点。很快，一则号称“小罐茶，大师作”的广告就在央视播出了，八位制茶大师统一着装站成一排，人手一罐小罐茶，整个画面十分复古，给人一种“一代宗师”的感觉。广告一经播出，小罐茶的名气立刻就提了上来，这是茶行业第一次和“大师们”合作，也是杜国楹第一次尝试这种风格的广告宣传。

杜国楹想要同制茶大师合作的想法源于 2013 年进山访茶期间。当时，杜国楹的团队还在考虑是否要做有机茶，他们远赴福建武夷山拜访那里的有机茶制茶专家。一次偶然的机会，杜国楹看到这位专家家里挂着一块写着“大红袍制作技艺非遗传承人”的牌子。在此之前，杜国楹并不知道制茶技艺也有非遗传承人。这个发现给了他灵感，无论是做有机茶还是品牌茶，产品的代言人似乎找谁都不够权威，也不太合适。但是，如果能邀请到制茶非遗传承人来为产品代言，人们对小罐茶的认可度一定会大大提高。

在同这位非遗传承人聊天的过程中，杜国楹了解到，原来每种茶都有自己的传承人，由于茶叶产区、制茶工艺、茶汤颜色、口感、功效的不同，中国茶的种类也五花八门。于是，他找到了八种受大众欢迎、认可度更高的茶叶，开启了一段寻找茶叶非遗传承人的漫长之旅。

结合小罐茶的产品定位，经过数次讨论，杜国楹认为，能够为小罐茶代言的制茶大师需要具备以下几个条件：第一，非遗传承人的身份，这个身份是由国家文化部非遗司、省级文化厅非遗部门等权威机构授予的，是一种国家的、官方的认可，同他们合作，将有助于提升小罐茶的“档次”；第二，这些制茶大师需要认同小罐茶的价值观，所谓“志同道合”，只有双方与茶行业的价值观相符，合作才有得谈，才有可能各施所长共同塑造中国茶品牌；第三，口碑，既然要给每种茶都找一位代言人，那么这位制茶大师在业界的口碑一定要极好；第四，对方的制茶工艺，为了保证茶叶的品质稳定性，杜国楹需要和那些更加标准化、规模化的制茶方合作，否则，产品品质依然参差不齐；第五，对方应当是没有被资本化的茶叶行家，杜国楹一向深谋远虑，为了以后能有更多合作的可能性，他需要找到这种未被资本化的制茶大师，为以后合资、参股等合作预留可能性和便利性。

按照以上条件，用了两年多的时间，杜国楹和他的团队终于在诸多人选中先后和邹炳良、王顺明、卢江梅、高碰来、谢四十、林乃荣、林振传、张成仁八位大师达成了合作。

邹炳良，从 1959 年开始做茶，是中国普洱茶的终身成就大师，原勐海茶厂厂长、总工程师。勐海是我国著名的茶乡，也是中国普洱茶之乡，在那里，生长着 1700 年前的野生“茶树王”和星罗棋布的古茶树群。20 世纪 50 年代末，邹炳良来到了勐海茶厂，从一名工人开始干起，与茶叶打了 40 多年的交道，1996 年，他正式成为勐海茶厂的厂长。同时是“渥堆方法[1]制造普洱茶”工艺技术的探索者、研究者和实验者。

王顺明，我国首批国家级非物质文化遗产代表性项目武夷岩茶（大红袍）制作技艺的省级代表性传承人，1974 年开始在茶厂工作，主要从事茶叶栽培、制作和评审工作。“如果一个制作师傅太想挣钱，心浮气躁，那么肯定出不了一泡好茶。”谈到制茶，王顺明发出了这样的感慨。大红袍在国内消费者市场上始终有比较高的知名度和良好的口碑，和普洱茶不同的是，其核心工艺在于“火候”，从固条索到止发酵，从定香气到调汤色，一切都在于制茶师傅的火候，这将决定茶叶的品质。

卢江梅，八位大师中唯一的女性，出生于真正的茶叶世家，是国家高级评茶师、“国茶工匠”制茶大师、“卢派”西湖龙井传承人。卢江梅说，自己从出生那天起就和西湖龙井结下了不解之缘。龙井茶的核心工艺在于最后一道工序，这将使茶叶充分干燥，增加香气，同时是对茶叶的一次塑形，主要采用磨、压、抓、扣、推等手法，在80℃的锅中对茶叶进行“压磨”和“荡炒”。

高碰来，国家级非物质文化遗产代表性项目乌龙茶制作技艺（铁观音制作技艺）的省级代表性传承人。铁观音的核心工艺是做青，主要包括晒青、凉青、摇青和摊青四道工序，这是铁观音高香的关键因素之一。

谢四十，国家级非物质文化遗产代表性项目绿茶制作技艺（黄山

[1]“渥堆发酵”指的是用人工的方法加速茶叶陈化的一种过程，在制作普洱熟茶的过程中，这也是形成和奠定其特殊品质的关键工艺。这种特殊的工艺能够将茶叶中的物质进行转换，主要作用是使茶在转化过程中消除青臭气，减少苦涩味，并具有特殊的香气。这种技艺不仅耗费的时间较长，而且对制茶人的技艺要求也很高。

毛峰）的国家级代表性传承人，同时是黄山光明茶叶有限公司的董事长。黄山毛峰的核心技艺在于揉捻，这是保证茶叶香气的关键。谢四十对自己的制茶技术很有信心，他说："不是每一片茶叶都能装进这个罐，没有几万个芽头，选不出这罐茶，没有几十年功夫，做不成这罐茶。"

林乃荣，国家级非物质文化遗产代表性项目花茶制作技艺（福州茉莉花茶窨制工艺）的省级代表性传承人。作为小罐茶八种茶叶中唯一的花茶，茉莉花茶的核心工艺就在于窨制，这对温度、湿度、下花的时机都有非常严格的要求，差之毫厘就会影响茶叶的味道。

林振传，国家级非物质文化遗产代表性项目白茶制作技艺（福鼎白茶制作技艺）的代表性传承人，1999 年创办了福鼎市品品香茶厂，2005 年成立了福鼎市品品香白茶研究所。多年的制茶经验让他对白茶有一种特殊的情感。林振传认为，"白茶的味道就是自然界的味道，是返璞归真的味道。"白茶是一种发酵茶，因成品茶多为芽头，满披白毫、如银似雪而得名。其核心工艺在于萎凋工序，顶级的白茶师傅必须根据环境的变化，对工艺进行灵活调整，以确保茶叶的品质。

张成仁，国家级非物质文化遗产代表性项目红茶制作技艺（滇红茶制作技艺）的国家级代表性传承人。红茶在千百年前就已被传入英国等国家，如今已是世界之茶。张成仁说："尽管云南是世界茶源之一，但滇红诞生较晚，好在它一面世就很惊艳。我有生之年的愿望就是希望通过技术的传承和创新，不辜负上天赐予的好原料，让中国的红茶再一次扬名。红茶是世界之茶，它里面一定不能缺掉滇红，否则就不完美。"

## 新式营销：微纪录片与广告的融合

2017 年，一条时长三分钟的电视广告在央视首播，这条广告不仅让小罐茶顺利走入大众视野，甚至成了移动互联网时代微纪录片与广告融合的经典案例。

在商业电视广告仍然停留在以描述产品卖点为核心的阶段，小罐茶的这则广告让人眼前一亮。广告开篇从原生态森林全景切入，随后，镜头转到古茶树下的一辆手扶拖拉机上，小罐茶产品中心的徐海玉、一位采茶的老妇人和拖拉机驾驶员正坐在车里，拖拉机在乡间土路上轰隆隆地开过去，一条操着地方口音的画外音响起："我是徐海玉，我是小罐茶产品中心的。我们花了三年半的时间走遍中国茶叶所有核心产区，找齐了八位大师做成了小罐茶，为的是让消费者喝到真正的好茶。"[1]

这条让人耳目一新的视频，初看会让人以为是纪录片，看到最后才发现是一则电视广告。与传统的商业广告相比，这种形式的广告更加迎合消费者的喜好，在短视频风靡的时期，以真人真事为主要内容，实地取景拍摄的这种微纪录片的形式，更容易拉近产品和消费者之间

[1] 宋建平、宋明冬：《从小罐茶寻茶之旅电视广告看微纪录片与广告的融合》，《福建茶叶》2021 年第 2 期。

的距离，更能让人产生共鸣。三分钟左右的时长和娓娓道来的画外音，非常巧妙地在短时间内完整地讲述了一个故事，这样的广告具有一种天然的亲切感。

这是杜国楹在广告营销策略上的又一次创新，兼具真实性、易懂性和艺术性。此外，在小罐茶整体的广告营销策略上，杜国楹也可谓大手笔投入、全方位布局。

从品牌诞生到产品介绍，从代言人的推广到公益性广告的轮播，回顾小罐茶面世以后的一系列广告，包括寻茶之旅篇、大师篇、农产品篇、小罐茶大红袍（央视版）、大红袍完整版、三百岁的茶、审茶篇、72 小时抢鲜记、早春茶、黄山毛峰、西湖龙井等，林林总总共计二三十条广告。一时间，小罐茶成了央视轮播的广告之王。

人们通过广告开始全方位地了解小罐茶，通过广告矩阵对产品进行全方位的介绍和宣传，这在以前的茶行业中是没有的，可以说，这是小罐茶的一次创举。有人称之为“讲故事”的方式，但在杜国楹看来，这些广告又不算讲故事，因为都是真实取材。

在央视投放的这些广告是小罐茶展开广告攻势的第一阶段，杜国楹说，这些广告主要讲究真实性。他说：“我们在央视大规模投放的片子，拍摄的时候是没有脚本的，全部按纪录片的方式去拍摄，拍了很多素材，最后剪辑出来。”这是小罐茶对真实性的追求，也是杜国楹首次采用这样的方式进行广告拍摄。

谈到用纪录片的方式拍摄广告的灵感，杜国楹坦言，这并不是小罐茶的首创。在拍摄寻茶之旅这条广告的时候，小罐茶的办公地址在北京现代城，等电梯的时候大家经常能看到农夫山泉的广告轮播，主要讲述的就是农夫山泉当时是如何寻找水源的故事，这种比较新奇的、真实的、诚恳的广告记录方式给杜国楹带来了新的灵感。

于是，从几年前进山寻茶到小罐茶终于面市，杜国楹认为他们也是有很多素材可以拍摄的，这将是这个品牌最好的“广告”。于是，他很快就找到了第三方广告公司，将纪录片和广告相融合的这个想法和需求讲给了对方，并正式开始了小罐茶进山寻茶的广告拍摄。

灵感的乍现虽然很偶然，但是小罐茶当时能够拍摄出来的素材的确极其丰富。杜国楹希望通过这些系列广告将小罐茶的品牌故事做一次完整的呈现。为了力求自然，他这次还听取了专业人士的建议，没有写广告脚本，没有和当地茶山的采茶人沟通交流，也没有和八位大师有太多的沟通，他希望能拍一些更加自然的随拍素材，然后把那些最真实的片段剪辑到一起，这将是让人们充分了解小罐茶的一个机会。事实证明，消费者对这样的广告十分买账。人们开始把这些广告当成故事来看。

2018 年，小罐茶的销售额顺利突破了 20 亿元人民币。业内认为，除了新颖的包装设计和品牌理念，这也和杜国楹的精准营销分不开。除了寻茶之旅篇，在 2017 年央视广告的首次投放中，小罐茶的场景广告就非常精准。

最开始，镜头从总统套房、私人飞机、董事长办公室等高端场景扫过，人们坐在这样的地方喝茶聊天，品质尽显，这种超高端、超豪华的场景也让消费者充分认识到了小罐茶的高端定位。在后期的广告中，场景的变化相对接地气一些，一些商务聚会的场景开始出现，广告结束时，人们会将包装精致的小罐茶送给宾客。

当然，小罐茶的高端除了在广告方面展现得淋漓尽致，从定价上也可见一斑。小罐茶有两种普通款礼盒装产品，一款是 10 盒装 40 克的茶叶，另一款是 20 盒装 80 克的茶叶，这两款礼盒的售价分别是 500 元和 1000 元。听起来好像也不是特别昂贵，但是折算一下就会发现，小罐茶礼盒装茶叶平均每克的售价已经达到了 12.5 元，也就是 12500 元 / 千克。这个价格简直令人咋舌。在同类产品中，小罐茶的售价几乎翻了 10 倍。

可以说，杜国楹想要传递的信息非常明显，几条广告下来，小罐茶买、喝、送的几大需求都被完美地呈现了出来，这也是杜国楹最初找到的中国茶行业的三大消费痛点。在接下来的宣传中，杜国楹采取了广告轰炸的老策略，让价格昂贵、包装精美、噱头颇多的小罐茶顺利走入大众视野，成了当年备受关注的品牌之一。

## 小罐茶里的大国情怀

可以说，杜国楹对茶的情怀在他的这次创业中展现得淋漓尽致。除了实地探访茶山之外，在小罐茶的众多广告里，中国符号也随处可见。

2021年8月23日，小罐茶发布了一条长达60分钟的中秋长片——《记在心里的名字 感谢》，这条长片在我国16个城市的电梯里轮流播放，全天循环。在这条长达60分钟的长片中，全程只有一个镜头——在一张张印着“记在心里的名字 感谢”字样的卡片上，一位书写者不紧不慢地写下了一个又一个名字，整个长片没有一句台词，在写完最后一个名字以后，镜头上出现了小罐茶的包装，整条长片在一片静默中结束。

当时，中秋佳节将至，这条颇有温度的、文艺气息很浓的长片火速“出圈”，人们有太久没有看到这么安静的、润物细无声的广告片了，尤其是在生活节奏越来越快的大城市，在上下班的电梯里，上班族们对这条广告的印象颇深。人民网随后发文为小罐茶点赞，官方主流媒体的赞许也使小罐茶在消费者市场再一次得到了广泛关注。

据了解，在这条广告中被写下的204个名字里，有几位已经离世了，但他们都是小罐茶团队从开始做产品调研到品牌创立过程中遇到的、曾对该品牌有过帮助的人。小罐茶在征求了对方家属同意后，采用一镜到底的拍摄方式，在中秋佳节这个特殊的日子向每一位对小罐茶的创立有过贡献的人表达了谢意，这在广告界也是非常罕见的一次尝试。

这条广告不仅让观众有了另一种视觉体验，也以一种更加厚重、踏实的感觉让观看过这条广告的人记住了小罐茶。小罐茶公司选择在这样的日子投放这条广告，商业气息被淡化，人文关怀的味道颇浓，十分动人。

在后来的广告中，人们也看到，小罐茶非常善于在节日关口进行情怀至上的广告投放。2021 年教师节，一条有着异曲同工之妙的广告片被正式投放，广告一开始，镜头对准了一间颇具年代感的空荡荡的教室，一位年轻的女教师站在讲台上，学生们已经毕业离校，女教师对着空荡荡的教室说了一句“再见”。后来的几个镜头持续循环这样的场景和台词，微妙的变化是，教室环境开始变得越发现代化，教师则容颜衰老，直到头发花白，仍然对着空荡荡的教室说着“再见”。最后一个镜头从教室侧门推进，画外音响起一个学生的声音，喊“老师”，教师侧头看向门外，学生说了一句“谢谢”，而不是“再见”。这是小罐茶另一条主打情怀的广告，反响极佳。

这种广告风格的转变和杜国楹营销策略的变化有关，杜国楹一直深信乔布斯所说的“营销是一个关乎价值观的问题”这句话，因此，在小罐茶的广告营销方面，他对价值观的呈现十分重视。

杜国楹认为，对小罐茶的营销应该主要从两方面着手：一方面，打破信息不对称的现状，因此广告语不可以再选择那些隔靴搔痒、深奥难懂的文案，而应该更加直观、真切，降低消费者和茶企之间的信息不对称程度，这将让小罐茶借助视听方式提高用户对茶的理解。另一方面，杜国楹认为茶是一种感性的东西，尤其对于中国人来说，茶应该是有温度、有情怀的，如果能够在广告中将这种温度和情怀与人们的生活建立起密切的关联，这将大大缩短消费者和茶叶的距离。

广告轮播的攻势让小罐茶备受关注，也顺势被推上了高端茶叶领军品牌的宝座。2018 年，小罐茶创下了 20 亿元人民币的销售额，杜国楹却对外表示这“有点可悲”，因为中国茶行业其实有 3600 亿元的空间，小罐茶却以 20 亿元的年销售额就成了中国茶叶零售品牌的领军企业，这说明提升的空间还很大。

为了带动中国茶行业的发展，或者说通过小罐茶的示范给茶行业带来一些启发，杜国楹展开了广告之外的营销策略。其中，茶味香薰蜡烛的推出就是一次较为创新的尝试。很快，小罐茶又拿到了恭王府“天下第一福”的授权，这是中国文化中很能打动消费者的符号之一。在中国，“福”字有着特别的含义，常常给人们更多的期许。在拿到“天下第一福”授权的第一个春节，小罐茶的新年礼盒上就出现了这个“福”字。

中国情怀的表达不仅体现在产品的包装上，杜国楹对茶的情怀还体现在他对茶行业的强力推动和创新上。2021 年海南亚洲博鳌论坛上，华丽变身的小罐茶再次刷新了人们对茶的认知，冷泡茶、纸杯包装、随走随喝的新奇冲泡方式有些颠覆国人对传统茶饮品的认知，茶和酒、咖啡、水果的融合也让人感到新奇。铁观音和威士忌的中西合璧就是博鳌论坛上比较经典的一个案例，大红袍与红酒、苹果、橘子、丁香、肉桂的结合也给了人们新奇的口感体验。在那场论坛上，人们被突然出现的这批“怪茶”吸引了，但小罐茶在博鳌论坛上的亮眼表现还不止这些，如果要用数据来说话的话，四天亚洲博鳌论坛喝光了 1.6 万杯小罐茶或许是对其受欢迎程度的更直观的表达。借助亚洲博鳌论坛，小罐茶让越来越多的人了解到了中国茶叶正在发生的微妙变化。

## 全球茶叶示范工厂

随着小罐茶名气的不断飙升，行业面临的新问题也逐渐开始暴露。老生常谈的核心问题依然是产品的标准化生产，这个问题被杜国楹本人多次提及，但是除了产品包装的标准化和价格的标准化之外，生产的标准化迟迟没有给出一份令人满意的答卷。

一方面，小罐茶的每一罐茶叶对于产地标注始终比较笼统，简单的茶叶产地和茶叶品类的标注无法让消费者获得足够信赖；另一方面，关于制茶工艺究竟是何时从“大师手工制作”变成了“监制”，人们也有很多疑问和不解。终于，2022 年，小罐茶以重磅投资的超级工厂作为答卷，开始了行业示范之路。

2022 年 3 月 26 日，小罐茶正式对外宣布占地 321 亩的黄山超级工厂建成并投入使用。这是中国茶行业首个工业 4.0 标准[1]智能产业基地。为了使茶进入标准化生产，开启一个新的智能化生产时代，小罐茶斥资 15 亿以工业 4.0 的标准在黄山打造了这家超级工厂，杜国楹想要做好中国茶的决心和雄心再一次得到了证实。

[1] 所谓的工业 4.0 标准，其实是基于工业发展的不同阶段做出的划分。从工业 1.0 到工业 4.0 分别指的是蒸汽化时代、电气化时代、信息化时代和利用信息化技术促进产业变革的智能化时代。

“传统茶在过去更像农产品，如何变成消费品，如何变成快销品，让越来越多的年轻人更好地拥抱中国茶，我觉得是需要很好的工业化的能力做依托的。所以我们决定做这个加工厂的时候，就是要做一个中国茶业的工业化的示范工厂。我们希望快速地引领中国茶业走入工业化时代。”在谈到小罐茶黄山超级工厂的建设时，杜国楹这样说。

作为曾经的茶叶出口大国，我国的经济收入很大一部分来源于茶叶外销。然而根据农业农村部的数据，2020 年，我国干毛茶的出口占比为 11.68%，34.88 万吨的茶叶出口量居然只有 20.38 亿美元的出口金额，也就是说，平均每斤茶的出口价格仅为 20.15 元。对比小罐茶在国内的售价，茶叶在世界市场的价格被严重低估了。我国茶行业在农业时代的思维上停留了太多年，以至于再想发力时，已陷入不可摆脱的窘境。

“农产品思维是各有特色、各有不同，而消费品思维是没有地域限制的统一化、标准化。”小罐茶副总裁曹卫这样说。在小罐茶自建工厂之前，面对茶叶标准化的问题，其解决方案相对比较复杂。

在茶叶的验收方面，小罐茶和供货商之间制定了很多名茶的采摘标准、工艺标准以及验收标准，双方确认茶样后，公司将派一部分专员到实地进行驻场，保证茶叶验收的标准化。由于没有工业化的依托，很多工作仍然停留在人工层面。杜国楹发现，随着小罐茶的采购量越来越大，采购价格不降反升，直接提高了总成本。

在茶叶的生产环节，如何将大师的工艺进行标准化复刻，让每一罐小罐茶都成为标准工艺精心打造的产品，也是小罐茶建设超级工厂前反复提及的问题。为了尽快进入数字化阶段，使产品的标准化进入一个更加平顺的发展时期，小罐茶最终决定不仅要自建工厂，还要着手考虑整个供应链的搭建。从茶叶的原材料到成为消费品，整条供应链应该由自己贯通。

最初做茶叶的时候，杜国楹其实并未想过要自己搭建整个供应链，他始终一再强调的是标准化的问题，但是，随着市场的需求和品牌的迅速崛起，他发现，从茶叶验收到生产包装，这一系列环节如果不自己打通，将很难实现最初的标准化目标。他说："比如没有苹果，没有诺基亚，哪有富士康？肯德基、麦当劳来中国，一定有大的养鸡场出来。蒙牛、伊利起来，一定有大的养牛场出来。"

最近几年，黄山超级工厂的建设成了小罐茶集中精力去做的一件大事，是整个企业的核心，也是杜国楹第一次进行如此大手笔的投资。在黄山超级工厂的项目启动初期，小罐茶请到了西门子做智能工厂的整体规划和建设，大量的智能化设备的研发则由 IBM 参与，这包括茶叶的鲜叶水洗、智能萎凋机、智能揉捻机、智能发酵机、AI 除杂机器人、全自动灌装生产线、全自动装盒机、全自动切角包装塑封机等。全套智能化设备的投产，让小罐茶的生产很快就进入了一个全新的阶段。

杜国楹说，小罐茶在自动化生产线的开发方面做了大量的投入，包括智能仓储的开发，以及消费者看不到的整个智能化控制系统的开发。他希望通过智能化系统的投入尽量减少茶行业对人的依赖，从而提高产品的标准化程度，降低生产成本，提高生产效率。

在杜国楹的商业字典里，对小罐茶的开发和投入也是希望在中国茶行业的发展史上树立一座里程碑。他认为，中国茶最终的路径会像咖啡一样，从慢销进入快销车道，在这个转变过程中，一家企业的工业化能力是其强大的依托和保障。

对于集中度较低、茶企众多却无规模较大者的茶行业来说，小罐茶黄山超级工厂的建成对业内是有实质性贡献的，这不仅有利于小罐茶在业内奠定地位，更有利于整个行业的规范化发展，黄山超级工厂的建设为茶行业提供了一种新的思路或者一种可能性，抑或仅仅是一种勇气与决心的示范。人们有理由相信，茶行业将有可能从此进入一个工业化、智能化、标准化的更加健康、有序的发展阶段。

对小罐茶来说，黄山超级工厂的开启也是其自身发展阶段的一个里程碑。“我们希望能推动更多的中国茶企、中国茶品牌，积极地投身中国茶业的工业化进程当中，让中国茶能更好地面向未来，面向年轻的消费者。”这是杜国楹反复强调的初心。

目前，黄山超级工厂已经与西门子正式签订了战略合作协议，小罐茶也将在与西门子合作的过程中获得数字化企业咨询与规划服务。杜国楹的最终目标是从产品上游开始和大师成立合资公司，小罐茶将在主导工业化的过程中，把大师的制茶核心工艺用更加智能的方式，以数字化设备为载体进行模拟。

## “产品倒做”的解决方案

杜国楹在采访中曾多次提到“产品倒做”的策略，这是他多年创业经历中的核心经验之一。从背背佳到好记星，从E人E本到8848，再到如今的小罐茶，杜国楹自始至终都只是个门外汉。作为一个门外汉，想要打入行业内部，需要的不仅仅是技术上的实力，还有策略上的明智。

杜国楹是一个从需求出发的人，每次创业，他都希望能第一时间洞察消费者的需求，找到需求，抓住痛点，而后，需要解决的问题便会随之浮出水面，接着便可以针对这些问题，有针对性地去寻求解决方案，再之后才会是产品设计、供应链整合等。

在做小罐茶的时候，杜国楹再一次采用了“产品倒做”的策略。

“我们把茶分成三段，最上游是农业，是种植，中间是工业，下游是商业2C端。叶子只是原料，中国茶叶原料的丰富性、原料的工艺是全世界第一的，我们缺的是把它变成解决方案、变成一个真正产品的能力。所以，我们整个逻辑是倒着做的，不是因为先种了茶树，也不是因为我的工厂里可以做茶叶，所以我才要卖茶。而是基于不同用户在不同场景里的需求，我们基于这些东西先去定义产品，然后去研发、开发，再把它通过工业化手段进行标准化。（这些工作完成后）继续向上游追溯，这片叶子的品质标准将会在这个过程中得到保障。

我们是这样倒着做的。”[1]关于茶叶的产品倒做，杜国楹的思路非常清晰。

谈到如何让小罐茶变得更加现代化和标准化，具体的解决方案是怎样的，杜国楹依然在强调“产品倒做”的策略和思路。在他看来，无论做什么行业，看不清需求就没办法做产品。

在这个思路的引导下，杜国楹关于茶的解决方案显得别具一格。他认为，中国的消费者对茶的需求除了分类清晰、价格清晰之外，更重要的是安全。因此，在茶叶生产初期，小罐茶对洗茶这一环节格外重视。

在传统的茶行业中，由于交通条件、茶厂规模以及初制茶对时间的要求等原因，很多初制茶茶厂都建在山脚下，采茶工人从山上采好了茶以后直接进行失水处理，变成干叶后再进入精制厂。杜国楹在进行行业调研的时候曾经到过多个产茶区，即便是在自然环境较好、污染较少的云南，第一道洗茶的水也脏得没办法看。这让他坚定了先对茶叶进行洁净化处理的决心。但是，由于茶叶的特殊性，在洗茶后进行脱水的过程中，如果将叶片内的水分完全蒸发并烘干成干叶，等到了精制厂的时候，这些茶叶的味道已经发生了改变。为了保证茶叶的清洁和原味，小罐茶在技术层面做了多番尝试，最后终于利用低温脱水的方法达到了两全，让茶叶从树上被摘下来以后先经过水洗，去杂质和浮尘，随后通过低温脱水的方法保证茶叶的新鲜和叶片的完整，随后进入精制厂正式开始茶叶的加工生产。2020 年 10 月，这种洗茶设备被研发出来，并于 2022 年正式投入使用。

杜国楹说，以后小罐茶将成为不用洗茶的茶饮料，消费者可以放

[1] 引自李翔：《详谈杜国楹：营销最终是价值观问题》。

心饮用，绝对安全。除了洗茶方面的开创性举措，在茶叶的工艺生产方面，小罐茶也力求用机器逐渐代替人工，找到一个更加高效的解决方案。传统的茶行业，制茶人通常通过经验来拿捏、判断每一道工序需要的时间和火候，但在现代化生产已经成为消费品生产主流渠道的今天，这种方式未免显得笨拙而不具有复刻性。因此，小罐茶通过超级工厂的建设开始了一条数字化探索之路，杜国楹希望通过机器指标来实现对茶叶水分、香气、物质转化等方面的更加科学和有效的探索。这一次，他联合中国农业科学院茶叶研究所一起开发了炒茶设备，力求在每一道工序上都实现指标化操作。

以上一系列努力为小罐茶的安全、标准化提供了技术支持，但全套的解决方案中还有很关键的一环——找到和用户沟通的符号。

这一次，杜国楹又提到了“大师”。在他看来，庞大的消费群体之所以没有被带动起来，根源在于消费者对茶的陌生感，一家企业如果只能靠宣传产品的安全可靠以及标准化生产来让消费者买账的话，恐怕是不容易的。很多人对工业化、标准化并没有概念，真正能够起到沟通符号作用的一定是能让人更有联结感的。

在走访茶山的过程中，非物质文化遗产传承人的出现让杜国楹有了灵感，作为制茶大师，每位师傅都有自己的看门绝技和代表作，如果把他们和小罐茶联系起来，一定能给消费者留下更加深刻、具体、权威的印象。

他说：“大师是具体的人，他代表了历史、代表了文化、代表了传统、代表了产地、代表了正宗、代表了小罐茶制茶的标准。用户在做选择的时候，不需要再去学习专业的茶学知识，耗费大量的沟通成本，只需要认准大师标准、认准小罐茶就可以了。有了这样一个具象化的沟通符号之后，底层的问题就变成如何把大师的技艺标准化，也就是解决品质标准，这是我们要做的。”

第九章

# 漫谈创业：顺应商业逻辑，科学创业

“我承认，我是一个有野心、有梦想的人。在我第一次创业之后，商业梦想就已经被点燃。但想一想真的觉得我好笨，创业五次，用了接近 20 年的时间，在 39 岁的时候，才找到了真爱。”回顾自己创业的这些年，杜国楹用“好笨”来形容自己。事实上，多年来，商界有很多人对他的这五段经历都很好奇，五次爆品的缔造经历让他成为最有资本谈论“创业”的人。

## 读懂行业逻辑的连续创业者

在一场关于科学创业的本质与方法的演讲上，杜国楹说：“创业是爱好、是激情，也是一种生活方式，更是一门科学。”

从 1997 年开始创业至今，杜国楹已是国内知名的连续创业者。他先后打造了五款行业爆品，以卓越的创业才能一次又一次地刷新着行业纪录，创业成了他最大的甚至是唯一的爱好。

事实上，能把创业当成一种爱好的人并不多，这不仅需要实力，甚至还需要一点运气。杜国楹是一位颇富传奇色彩的创业家，从 1997 年“偶遇”背背佳，到背背佳破产发现好记星，杜国楹成功打造了两款风靡一时的产品。直至今日，消费者依然对这两款产品记忆犹新。从 E 人 E 本开始，杜国楹有了自己的执念，对手写技术的追求让他开始了一条不太一样的创业之路，8848 则延续了他对手写技术的探索和钻研，E 人 E 本和 8848 的用户群体也精准锁定在高端商务人士身上，不再是庞大而模糊的学生和家长。这时，杜国楹开始以一种新的标尺——价格，来重新筛选自己的用户。

后来，杜国楹发现了茶这个庞大又古老的市场，第一次提出想要改写茶行业现状的宏愿。这个前半生都在频繁切换赛道的创业家对外表示，自己将把余生的全部精力放在做好中国茶上面，茶行业将是他长久专注的领域。这与他之前的创业节奏并不相符。之前的四次创业，杜国楹都极其迅速地包装品牌，将品牌打造成行业的头款爆品，随后快速卖掉，再进入新的赛道。大概就是因为这个，杜国楹被贴上了“营销”的标签。但他认为，自己不过是顺势而为。

在杜国楹看来，顺势而为的“势”包括两个方面，一个是优势，另一个是趋势。优势来自自身，趋势来自行业，在杜国楹的五次创业史中不难发现，每一次切换赛道，杜国楹都能迅速地找到行业逻辑，顺势而为。这也是杜国楹能够在短时间内，迅速和行业领军企业拉开差距的重要原因之一。多年来，杜国楹将这条思路看作一根暗线，他说，自己创业这么多年，这根暗线从来没有断过。

遇到背背佳的时候，一心想要经济独立的杜国楹没有思考太多就开始了首次创业。在这个过程中，他熟悉了“学生和家长”这个用户群体，了解和掌握其消费心理和需求，这是他当时所具备的优势。偶遇好记星的时候，杜国楹恰好兼备优势与趋势，优势是对消费群体的心理和需求了如指掌，而趋势则是，当时正是人们推崇英语学习的年代。可以说，从背背佳过渡到好记星非常容易，按照杜国楹“产品倒做”的思路，他无须再重新熟悉用户群体的需求和痛点，于是，整个流程被缩短了。随后，从好记星到E人E本，杜国楹的用户群体发生了改变，但是产品的核心技术没有太大变化，好记星的团队可以顺势迁移到E人E本。从E人E本到8848，用户群体没变，核心技术也没变。从8848到小罐茶，目标用户群体其实也没变，那些被称为“高端”的人群依然是他的首要目标用户，唯一陌生的是对行业和产品的认识。

由此可见，表面上看来互不相关的几大品牌，其背后始终藏着一条暗线。优势和趋势就是杜国楹创业经历中的两大抓手，无论何时何地，他从来没有同时放开过这两个抓手，这是他的经验之谈，甚至是他切换赛道的核心方法论。

进入小罐茶时期，杜国楹频繁地对外表示，自己将长期专注于中国茶行业。那么，这个一向擅长“短跑”的创业健将在接下来的几十年里做什么新文章呢？杜国楹认为现在的自己已经熟悉、了解了茶行业，这将成为他的新抓手，他将有余力把目光转移到新的用户群体和场景上，在茶叶这个大的品类中“解决多人群、多场景的需求”，这就是小罐茶未来要做的事。

对于喜欢创业、把创业当成爱好的杜国楹来说，这些年频繁切换赛道，快速打造爆品又快速消失的经历让他逐渐成为备受争议的企业家，一边是“营销鬼才”“营销大师”的褒扬，另一边是“大忽悠”“割韭菜”“收智商税”的不屑与嘲讽。

很多媒体人士在采访中都曾问过杜国楹是如何看待这些毁誉不一的评价的，杜国楹回答得十分坦然：“撕掉标签好像很难。”谈到自己的过去，他认为20世纪90年代那个心怀大梦的年轻的杜国楹的确是一个完完全全的营销主义者。囿于当时特殊的市场环境，媒体的高速发展以及自己有限的经商经验，营销的确是他初期创业阶段最锐利的武器。

进入21世纪以后，营销手段越来越丰富，人们自身的判断力也在逐渐提高，对产品的要求也在不断提高，那个曾经非常笃定地说“产品是道，营销是术”的年轻人终于改口“产品是1，营销是0”。或许，在认知的变化上，人们可以这样解读杜国楹对自身争议的态度——创业犹如成长，每一段经历都要经历幼稚、迷茫的探索阶段，最终慢慢地走向成熟。能认识到“产品是1，营销是0”，就是杜国楹创业理念逐渐成熟的标志之一。

资深媒体人、得到APP的总编辑在正式采访杜国楹之前，曾经和他见过一面，当时，小罐茶已经创下了年销售20亿元的成绩，但“小罐茶，大师作”的广告把这个善于营销的创业者又一次推上了“虚假营销”的风口浪尖，关于杜国楹的负面评价也比较多。让人意外的是，杜国楹没有被舆论影响，还非常热情地给这位来访的客人展示公司正在研发的瓶装饮料，兴致勃勃地表示自己将进入一条新的赛道，这条赛道听起来像是一条复合赛道，它包括瓶装提神茶饮料，包括类似于雀巢旗下的 Nespresso 胶囊咖啡机的茶饮机，也包括新式线下茶馆。看起来，他并不急于为自己辩解，对他来说，更重要的事都在新的赛道上。

正如外界对杜国楹的非议和好奇从未停止一样，杜国楹对商业的好奇和对创业的热爱也从未停止。

## 持续创新的营销主义者

对于杜国楹这个“老创业人”来说，2019 年是一个“觉醒之年”。那一年，小罐茶的广告营销文案备受质疑，舆情的轰动让杜国楹成了全国家喻户晓的人。他曾经很无奈地笑着表示，在做小罐茶之前，虽然也有一些负面的声音，但自己也只是某个品类中比较知名的人物而已，比如学习机、平板电脑、手机，而小罐茶却在一夜之间将他推上了舆论顶峰，这个连续打造五个行业爆品的传奇人物瞬间成了公众最熟悉的创业者之一。

杜国楹说，也是在 2019 年，他才真正意识到公众始终把他视为善于营销的创业者。这种感知在旁观者看来多少有些后知后觉，毕竟，把杜国楹与营销强行捆绑早已不是一天两天的事了。只是令人没有想到的是，无论他处在哪个行业，都无法摆脱这种刻板印象和标签。

20 世纪 90 年代，当自己第一次被强行与营销这个词捆绑到一起的时候，杜国楹的认知里其实还没有一个关于“营销”的概念。在天津打工时，电台广告的偶然成功是杜国楹与营销结下不解之缘的开端，那个时候，他并没有意识到这种影响会如此持久和广泛。

杜国楹曾经也想过撕掉这个与营销有关的标签，在他看来，这是一个负面的评价。随着自媒体的发展，这种夸张的渲染就更加普遍了，甚至有不少人认为，杜国楹是收取智商税的高手，对此，他表现出了前所未有的抗拒，他不希望自己是一个被视为只靠营销来做产品的人。后来，小罐茶副总裁梅江的一席话帮他解开了心结。梅江说，当下互联网时代，戴森[1]居然是被贴“收智商税”标签最多的企业。

梅江的这个举例让杜国楹心里舒服了不少。他开始从另一个角度看待自己被视作收取智商税的精明商人这件事。心态的转变让他开始变得客观而又坦然，他终于承认，20 世纪 90 年代那个年轻的创业者的确是彻头彻尾的营销主义者，因此，这些年他也一直在更新自己，品牌的不断创立就是杜国楹自身不断迭代的过程。

在这个过程中，杜国楹找到了他的诀窍——短看优势，长看趋势。在这个诀窍里，他很多次地看到了产品本身的力量，这也是支撑他不断开拓创新的关键。

“一个受到了持续正激励的人在产品创新的道路上是不会停止的。”谈到产品的力量，杜国楹用一句话精准地表达了自己在创业生涯中关于产品创新的直接感受。从背背佳起家的他，在每一款产品中都得到了正向的激励和反馈，究其根本，杜国楹认为品牌的力量在于创新。

他说：“我是尝到了产品创新甜头的人。在一个传统品类里，如何通过形态的变化、体验的变化、功能的变化，给用户带来很多新的价值，市场给了我很多正激励。在我的任何一次创业中，一个东西一点创新都没有的情况几乎不会在我这儿出现。我一定是重新审视这个品类，已经解决了什么问题，有哪些问题没有解决，我们应该解决什

---

[1] 戴森是英国的吸尘器品牌，目前已是国际性家电设计制造公司，由英国工业设计师、发明家、真空吸尘器发明者詹姆斯·戴森一手创办。近年来，随着戴森公司产品的多样化，该品牌在国内的知名度不断提高，尤其是价格昂贵的戴森吹风机。

么有价值的问题，怎么给用户带来直接的价值。”[1]谈到产品创新的逻辑，杜国楹十分激动。

也有业内人士和媒体人士认为，杜国楹所谓的创新其实无非是找到了正确的行业和渠道，但是他并不认同。他认为仅拿小罐茶举例，即便是再好的渠道，袋泡茶也已经不好卖了，因为太过平庸。想要做好品牌，即便是再成熟的行业、再古老的品类，都应该有所创新。“需求就在那儿，问题就在那儿，我觉得一定能找到解决方案。”这是杜国楹的看法。

纵观杜国楹的创业之旅，他在产品创新层面的确有一些别出心裁的案例。

1997 年背背佳创立，面对已有的矫姿带市场，杜国楹的新产品似乎没有什么特别之处，但是对面料和结构的调整，以及营销手段的配合，从产品形态到产品核心价值方面都立刻与同类品牌拉开了差距。消费者的买账就是杜国楹首次创业的定心丸，即便后来他迎来了人生中最大的挫折。

在好记星时期，杜国楹依然不忘创新，尽管当时的学习机市场已是群雄逐鹿的态势，但半路杀出来的好记星却有着自己的免死金牌——记单词的核心功能，这种对用户需求的创新式发现，让好记星很快在学习机市场脱颖而出，最令人记忆犹新的就是五维记忆法的创新。

E 人 E 本可能是杜国楹最大胆的一次创新，而这一切源于他对手写技术的执念。尽管早在 E 人 E 本之前，手写已不是消费者陌生的功能，但一向善于打造卖点的杜国楹差异化地推出了原笔迹书写的概念，立刻让 E 人 E 本变得不那么一样了。

[1] 引自李翔：《详谈杜国楹：营销最终是价值观问题》。

之后的两次创业，依然延续了他对产品创新的追求。8848 从用料取材上就成了手机品类中数一数二的高端产品，钛合金和小牛皮的机身设计也让这款手机的身价立刻上涨，被消费者嘲讽有些多此一举的安全系统也使这款专门为成功商业人士打造的手机变得更加神秘了。尽管最后，它也没能逃过虚假宣传的魔咒。

今天，小罐茶包装、理念、营销策略的创新，全都在向消费者传递一个信息，这是一款和你平时喝过的普通茶叶“不一样”的茶。

杜国楹可谓是把自己的营销优势发挥得淋漓尽致，且在行业趋势的把握上也有着惊人的预判能力，持续的创新让他的品牌总能具有强大的爆发力，但除了小罐茶却又几乎都以卖掉收场。人们不禁发问，这是否可以看作在赛道选择时出了问题？

## 选对赛道：精准定位的谋略家

2019 年，由创业黑马主办的“第十二届创业家年会暨产业加速大会”在京召开，杜国楹荣获了“2019 年年度创业家”的荣誉。

在这次会议上，杜国楹毫无保留地同与会者们分享了自己关于创业的一些心得和感悟。 他认为，创业者如果想要有一次健康的创业，首先需要厘清三件事——干什么、怎么干、怎么想。在那次分享会上，杜国楹着重讲了干什么和怎么干。这也是在教人们切换赛道前应该从哪些方面进行考量，如何做到精准定位。

在成功的企业家眼里，创业的第一步——干什么，至关重要，选择了什么样的方向决定了一个创业者和一家企业接下来要面临什么样的局势。杜国楹在“干什么”这件事上，几乎没有过太烧脑的经历，借助对人性的了解，加上卓越的营销才能，每一次切换赛道前，他都能精准定位，迅速找到属于自己的创业方向。杜国楹说：“全民都在创业，你要先选择好干什么，这很重要。在若干个细分的方向上，在若干个创新的可能的方向上，都有很多人在等待、在介入，凭什么（这个人）是你，你应该做哪些基本判断？”在杜国楹看来，做出科学的选择是“干什么”的核心。

然而，什么样的选择是科学的呢？杜国楹认为，无非是“顺势而为”，这也是他每一次创业都会反复提醒自己的四个字。谈到“顺势而为”，杜国楹举了一个非常通俗易懂的例子——互联网。他认为，尽管互联网的大趋势很好，但是创业的人一定要考量清楚，自身是否具有进入这个行业的优势，因为即便是热点，也并不是谁都可以运作的。

在波谲云诡的商海中，每一天都有新的机会诞生，新的方向、新的可能性也层出不穷，如何在商机不明朗的时候做出判断，如何在明朗的局势中做出选择，是一个成熟的创业者应该具备的基本素养。就杜国楹个人的创业经验来说，核心团队的优势将成为打入行业、逆流而上的助推器，一个团队的优势将决定这个团队能否快速跑赢第一阶段，从而迎来一个好的开端。

长远的行业趋势将在更大、更持久的层面上影响一家企业的生死存亡。因此，杜国楹提出“做对趋势，用足优势”的策略。当一群人挤到同一条赛道上的时候，自身的核心竞争力必须得到最大化的发挥，才能在众多竞争者中脱颖而出。这需要一个合格的企业家首先对自身的核心竞争力做出客观的评估，这是每一个创业者都应该拥有的自知之明。否则，将会把自己陷入一个非常被动的局面中，甚至会带来不可预料的损失。

赛道选好以后，将正式进入更为核心的阶段——怎么干。在这个阶段，关于产品、市场、销售、管理四大要素的本质显得至关重要。一位成功的企业家应该有能力洞悉这一切。

在产品层面，杜国楹充分“利用”人性中的弱点与优点——懒惰以及对美好生活的向往与追求。在同消费者打交道的这些年，杜国楹对人的惰性有了更深的了解。在消费层面，人是疲于思考的动物，这种惰性在买卖前以及使用过程中都会更加外现：消费者似乎都十分疲于自己做功课了解一款产品，他们更倾向于做简单、直接的选择，抑或由商家对产品进行全方位的介绍，这大概也是直播带货兴起的原因之一。因此，设计师和工程师就要承担起自己的责任，优先思考，主动思考，从而帮助消费者简化认知流程，丰富产品的使用价值，甚至提供一步到位的选购方案。杜国楹一直强调，设计师和工程师做得越多，消费者就越省心，消费者越省心，销量就越可观。

多年来，杜国楹始终坚持烧脑又烧心的渐进式创新模式，力求在用户需求上尽可能地满足消费者能够想到的每一种可能，尤其是最迫切的需求。在使用过程中，消费者当然希望自己所能想到的每一种需求都得到满足，甚至没有想到的需求都被考虑到。因此，在这一方面，杜国楹始终躬耕不辍，在他看来，这些需求点中暗藏着消费者的痛点，只有找到消费者的痛点，不断进行更新迭代，不断打磨，才能让大家拥有更良好、持续的用户体验。

在市场方面，杜国楹谈到了“内容的创造”和“传播的效率”。他坦言：“无论你是要投放广告，还是要做一篇软文，抑或要发一篇公关稿，都是一样的，内容的品质从本质上决定了传播的效率。传播的效率首先取决于内容是否有传播力，其次取决于选择的媒体是否具有足够高的性价比。”

因此，每一次创业，杜国楹的团队始终注重营销内容的打磨，早在好记星时期，为了找到一些更直击痛点的文案，好记星的办公室常常通宵达旦地灯火通明，谁想到了好的点子就立刻分享给大家。每一场头脑风暴的背后都是无数个冥思苦想的日夜。对于这个被看作擅长营销的团队来说，媒介始终都只是一个工具，广告的文案才是内容的核心，想要让产品打入市场，占据高位，好的内容是王道，否则，即便占据着多好的营销资源，也没办法实现宣传效果。因此，在进入媒介传播之前，内容的打磨是至关重要的一环，其重要性让自称为“广告推广老司机”的杜国楹也始终不敢放松。

在销售层面，核心内容则是利益链和分配链的管理，如何让中间环节的每一个群体的利益价值最大化，这是想要做好销售必须考虑到的问题。

在“怎么干”这个阶段，最后一个要素是管理，杜国楹再一次谈到了“势”，对人才顺势而为，是管理的核心。这是他多年创业总结出来的经验之谈。经商多年的杜国楹，见过了形形色色的人，年轻的时候，他认为人是可以改变的，但是随着接触的人越来越多，经历的事也越来越多，他终于相信，人的性格是极难改变的，诚如古话所说：“江山易改，本性难移。”

因此，在后来的企业管理中，杜国楹学会了“顺势而为”的管理思路，他不再和人性对抗，不再把不合适的人放到不合适的岗位上，为了提高效率，发挥个人的自身优势，他开始把每个人放在最适合释放其优点的岗位，躲避其缺点，不再对改变抱有太多期待。

## 忠告：尊重商业常识

“尊重商业常识”是杜国楹给创业者的忠告。多年的创业经验告诉他，创业的根基需要建立在精准理解企业本质的基础上，这是第一条需要尊重的商业常识。很多人没有搞清楚企业的本质，就奋不顾身地加入了商业竞争，最后不仅丢盔卸甲，甚至连失败的原因都不清楚。

为消费者提供有价值的产品和服务是杜国楹总结的企业的本质。如果一家公司做不到这一点，那就失去了存在的理由和可能性，最终不得不面临被“淘汰”的结局。实际上，在商界，有不少企业只是在“一厢情愿”地做品牌，无法满足消费者的需求，最后只好草草收场。

对企业本质的误解和缺乏思考会使很多初涉商海的年轻创业者走上另一个极端，即为消费者提供过高成本的服务，也就是现在越来越常见的过度服务。可以说，他们几乎是竭尽全力地为目标用户提供自己所能提供的想法与价值，但是当成本超过一个临界值后，事情将发生质变和转折，这样的企业依然是难以生存的。因此，杜国楹十分笃定地认为，只有精准把握了企业的本质，才有可能不偏离赛道。

产品与营销是第二条需要尊重的常识。提到这条，杜国楹想起了自己的第一次破产，他非常坦然地把这段经历称为“人生最大的财富”，因为正是这段经历改写了他对产品和营销的认知。杜国楹曾经也依靠过营销，正如他自己所言，20 世纪 90 年代的杜国楹是个彻头彻尾的营销主义者，但是后来他发现，只依靠营销来做品牌，欺骗的不是消费者，而是自己。营销没办法解决一切问题。背背佳大起大落时，杜国楹还没有成家，他用“足够早、足够彻底”来形容这次破产。在经历过从亿万富翁到千万负债人的身份转变后，2004 年的一天，杜国楹写下了“产品是道，营销是术”。他终于明白，好的企业必须有好的产品，没有好的产品，一切营销手段都是空谈。

说到营销，杜国楹笑称自己也曾被媒体调侃成一个忽悠了 20 年的创业者。从穿背背佳的孩子到 20 年后喝小罐茶的中年人，这个群体一直在被杜国楹牵着鼻子走。杜国楹并不认可这种说法，他说：“如果一个时代、一群人可以被我忽悠 20 年，那我得是什么样的智商？”他始终认为消费者是有选择权以及自己的判断的，而他的每一个品牌都不曾动用强制的手段，所以“忽悠”是不存在的，这一切应该是基于好的产品而发生的，好产品才是做好企业的前提，营销只是为产品服务，只是好产品的放大镜而已。

因此，尊重商业常识的人首先要学习的不是营销手段，而是让自己具备好的产品基因，这是基本原则，也是一切可能性的开端。

和之前的产品相比，小罐茶是拿来入口的，杜国楹说：“无论我做得多么高大上，说得多么好听，我能欺骗你的胃吗？我能欺骗你的嘴巴吗？这是不可能的。”因此，在小罐茶的品牌创立过程中，杜国楹对产品的重视程度达到了一个空前的状态，这源于他对商业常识的尊重和理解。在这两条基本的商业常识里，杜国楹用 20 年的经验告诉自己，这里面没有被颠覆的可能性。对商业常识的尊重，让杜国楹的创业进入了一个长期、稳定的发展阶段。

## 从书籍中汲取养料

外界对杜国楹的评价始终有点玄乎其玄，抑或带有偏见色彩。有人认为他是难得的“营销鬼才”，也有人称他为“大忽悠”。其实，杜国楹的营销才能除了与生俱来的商业敏锐力之外，和他始终坚持学习是分不开的。

对于出生在20世纪70年代的杜国楹来说，那一代人所受到的教育其实是相当有限的，甚至是匮乏的，在其20多年的创业路上，通读西方的营销学、管理学、设计学、产品学理论成了他汲取精神养料的重要来源之一。

天津投资电台广告的大获成功，让杜国楹意识到了营销的威力，从那之后，他就开始系统地研究营销学并学习营销管理。他开始阅读《中国经营报》《销售与市场》《定位》，其中，《中国经营报》《销售与市场》这类报纸杂志为他带来了很多基础资讯。

很多年以后，杜国楹创立了小罐茶，谈及读书，他首先讲到的是《定位》一书。定位理论经久不衰，被美国营销协会评为“有史以来对美国营销影响最大的观念”，是一代代创业者汲取营养的源泉。而《定位》对杜国楹最大的影响是让他找到了“定位”的本质——在用户的心智中寻找空白。“但是你想把一句话活学活用是非常难的，每一次创业我都抱着这本书让自己再读一遍、再读一遍、再读一遍。”谈到读书对自己的影响时，杜国楹这样说。从学习到习得，从习得到运用，不是一蹴而就的，还需要一次次地尝试和不断的挑战才能逐步获得，在这个漫长的过程中，书籍成了常读常新的东西。

美国经济学教授、现代营销集大成者菲利普·科特勒所著的《营销管理》一书，也给杜国楹带来了深远的影响。菲利普·科特勒出生于 20 世纪 30 年代，是一位被誉为“现代营销学之父”的经济学教授，他把自己对营销和管理的理解写进了这本传世之作中。这是一本在短时间内迅速成为营销学的核心教材的著作，它改变了以往以推销、广告和市场研究为主的营销概念，将营销上升到了科学的范畴。如今，这本书已经再版十几次，且被翻译成 20 多种语言，成为营销学的“圣经”，是世界范围内使用最为广泛的营销学教科书。热衷营销的杜国楹对这本书的热爱自不必说，这是 20 世纪 90 年代，杜国楹接触营销的第一本系统而专业的书籍。

杜国楹就是从《营销管理》这本书中得知的 4P 理论：产品、价格、渠道、推广。在深谙创业之道的杜国楹看来，产品、价格、渠道、推广这四大要素犹如四个齿轮，是互相铆合在一起的，牵一发而动全身。当一个产品的价格发生改变，产品本身一定要发生变化，一旦产品发生了变化，推广渠道和推广方式也就发生了与之相对应的变化。四大要素的变化会直接导致消费群体的更新。因此，这四个要素在营销管理中是四位一体的关系，没有办法独立拆分。

在杜国楹关于读书的分享中，第三本被提到并被推荐给产品经理阅读的是乔布斯的传记。《乔布斯传》完整地记录了他的人生和创业历程，杜国楹认为想要学习如何做好一款产品，这是一本不可多得的好书。尤其是作为“80 后”“90 后”的年轻人，他们是伴随着苹果的更新迭代慢慢成长起来的，他们见证了苹果时代所发生的变化，这本书将会为产品经理或准备成为产品经理的群体带来不一样的收获。

在后来的分享中，杜国楹还谈到了《卓有成效的管理者》和《设计中的设计》。

书籍作为一种知识的载体，20 多年来，给杜国楹带来的变化是巨大的，本就是教师出身的他并不抵触读书，抓取和存储信息也比较得心应手。在同这些经典书籍打交道的过程中，杜国楹总结了一条自己的原则——从来不看那种贩卖焦虑或者与成功学有关的书籍。在他看来，这种情绪上的调动并不会给人带来切实的收获，鸡汤文只会让人在精神层面变得更加笃定“未来是有希望的”，然而让希望真的被看见，依靠的还是自己。

因此，在读书这件事上，杜国楹始终坚持熟读经典，他相信经过时间和大众检验的出版物将会为他带来实实在在的收获。用杜国楹的话说，所有的学习过程，最高效的办法只有两个，一个是熟读经典，另一个就是实践。在实践的过程中，理论才能慢慢转化，变成属于自己的一套方法论，他把这个过程称为“从知识到技能”。

# “人性操盘手”的情怀式创业

很多人问杜国楹，在创立小罐茶之后还打算做什么。这个善于打造爆品，然后在短时间内出售品牌的创业家，居然回答将用 30 年的时间专注于茶行业。究竟是什么样的动力让他突然想要在一个领域里踏实下来呢？在一位资深媒体人对杜国楹的采访中，他提到了一个字——爱。

“赚钱需要能力，但爱需要情怀，更需要善良。早期我创业时，在消费电子行业，瞬息万变，我们只能盯紧眼前的事情。我没有爱，或者那种爱不强烈。但对茶，我确实是发自内心的爱，提到茶，说到茶，可以两眼冒光。”[1] 杜国楹说这段话的时候，已经是 2020 年了。

回顾杜国楹的创业经历，从背背佳开始，那时候他对自己的第一次创业大概是没有爱的。年轻的他刚从河南老家来到天津，以打工者的身份接触到了当时炙手可热的矫姿带行业，对成功的极度渴望与追求是他第一次创业的强大动力，这种动力使他快速地打入了市场，几乎没有过多地去思考关于这个行业的未来，一条千元的电台广告让他看到了营销的力量，并且知道如何打动消费群体的心理。

---

[1] 引自李翔：《详谈杜国楹：营销最终是价值观问题》。

背背佳之后，有人称杜国楹为“人性操盘手”，杜国楹也在很多场合里开诚布公地表示，在对人性的弱点进行洞察的过程中，商家大概率会发现消费者的痛点，痛点往往是消费者迫切需要商家解决的问题，这些问题一旦得到解决，用户的需求便得到了满足。因此，某种程度上，对人性弱点的“利用”是书写一段商业故事的开始。另外，利用人性的优点还可以建立品牌，因为人都是崇尚美好的。正是这种对人性的深度了解让年轻时的杜国楹在负债几千万元的绝境中再一次找到了翻身的机会，这一次的主角是好记星，但当时的杜国楹被巨额债务缠身，创办好记星最大的目的其实是为了翻身还账，电子行业瞬息万变，人们很难会考虑“情怀”。

后来做 E 人 E 本和 8848，杜国楹开始有了一些个人的执念，对手写功能的追求、对成功的渴望都是投入感情的标记，即便很多人称这两款产品包括后来的小罐茶为“面子消费品”，但不得不说，从 E 人 E 本开始，杜国楹对品牌的情感倾注有了一些微妙的变化。

“如果一直用得失观来做决定，你永远无法成就真正伟大的公司。本质上，我们做企业，不是赚钱，而是赢取人心。”在决定做小罐茶后，杜国楹对商业的态度发生了较大的转变。

在他所从事过的几个行业里，除了小罐茶之外，前四段经历都给了他赚快钱的快感，即便是电子产品这种需要高精尖的技术作支撑的品牌，杜国楹也创造了三个月就让产品上市的奇迹，顺利赚了一笔钱。而茶叶不一样，植物的生长周期和茶叶繁复的制作工艺让他慢慢地进入了一种更加温和的状态。杜国楹 2012 年开始进山，几年后，小罐茶依然没有盈利，这是杜国楹创业历程中的第一次。他把大量的时间花在了产品和行业调研上，在这个过程中，杜国楹和他的团队开始逐渐被茶文化激发、软化，使命感是伴随着对茶的爱慢慢滋生的。

杜国楹说：“我认为，企业家是一个极其特殊的物种，因为他永远保持饥饿感和强大的使命感。现在的饥饿感是成就感的饥饿，它是你前进的巨大动力，这种动力一点都不比原始的动力差。生意人可以没有使命感，但真正的企业家一定要有使命感。”[1]

杜国楹表示，“做企业不是赚钱，而是赚取人心”。对于每一段创业经历几乎都没有超过五年的他来说，小罐茶的到来让他第一次有了不一样的感触，他甚至把前几次创业称作这次创业的铺垫和演习，甚至用 1.0 来形容之前的所有经历，小罐茶才是真正的 2.0 时期。

这种对小罐茶独有的偏爱源于我国茶行业悠久的历史，以及杜国楹进山寻茶过程中所发生的心理变化。以往的每一次创业目的性都很明确，利益的最大化和产品的独特、新颖是他所考虑的问题，但是到了小罐茶时期，对茶的情有独钟让杜国楹意识到这已经不仅仅是一次创业，为了规范茶行业，为了给茶行业带来新的可能和启发，他有太多的冲动，也有太多想要完成的使命，这都不是一朝一夕能够达成的，因此，他根本没有时间和精力去考虑其他赛道。

综观我国企业界，无论是华为还是顺丰、阿里巴巴，几乎每一个成功的企业都离不开这个“爱”字。“爱”是一个企业的核心价值观，它不仅体现在对品牌的打磨与对行业的责任上，也体现在一个企业的员工关怀和民族责任感上。这种情感的支撑将会让一家富有使命感的企业更有生命力，是企业长青的秘方。

杜国楹找到了这份原动力，但是摆在面前的问题也依然棘手。小罐茶因广告文案引起的舆情事件让这个还没有成为行业龙头老大的茶叶品牌瞬间丧失了很多东西，杜国楹用美感、质感和情感来形容这些东西的丧失。

---

[1] 引自李翔：《详谈杜国楹：营销最终是价值观问题》。

其中，最难修复的就是情感，想要在消费者面前重新拥有企业美誉度并不是一件容易的事，即便是从零开始，美誉度的塑造都是非常艰难的，更何况出现了广告宣传舆情风波，价格又偏高的轻奢茶品牌。

下一步杜国楹想要怎么走，还要看小罐茶的发展这份对茶的爱能让杜国楹在这个行业走多久，走多远，只有时间才能给出答案。

第十章

# “营销大师”是如何炼成的

“媒介肯定要寻找价值洼地，广告投放需要成本控制。但无论是公关还是广告，内容不行，一样不行，内容和媒介之间的关系和逻辑是一样的。”谈到成功的营销，杜国楹这样说。作为一个连续创业者，从 1997 年至今，杜国楹始终都在调整自己对于产品与营销关系的认知。

## “80后”智商税收割大师？

有人曾经在采访中问过杜国楹，如何看待狂收“80后”智商税这种评价？他直言，这也是困扰自己很多年的一个问题，对他来说，收取智商税是一个负面的评价，而且还是一个撕不掉的标签。当对这些负面评价稍有释怀后，他做出了“各种税”的解释，即“你是在为设计、为服务、为附着在物理产品成本之上的所有这些东西去承担更多的成本，所以你也可以说它是设计税、服务税、美学税，是各种税。”

20世纪90年代初期，驼背、近视眼给家长们带来了极大的困扰。曾在学校执教两年的杜国楹深谙家长们的心态，适时推出了背背佳。

当时，背背佳的出现给很多家长带来了希望，用杜国楹的话说，背背佳的重要性在于贴身穿戴，每时每刻都在规范学生坐姿，可以代替家长和教师的口头提醒。其对专利的改造和创新，使得这条有弹力的背带被当时的人们看作“神奇”的所在，以为这是一款穿上就可以立刻帮助孩子矫正坐姿、有效重塑体态的产品。电视广告上过分挺拔的代言人，穿着背背佳跳舞、做操的画面，让很多家长迫不及待地加入了抢购大军。

如今，背背佳已被证实没有宣传的那么神奇。然而，当时愿意为这款产品埋单的家长却不在少数。究其根本，还是因为杜国楹抓准了家长们的心理，找到了“消费痛点”。

在这之后，杜国楹推出的产品一个比一个“神奇”。先是好记星，在学习英语成为全民风潮的时候，这款号称可以帮助用户准确、快速记忆单词的学习机横空出世，“五维记忆法”的提出击中了消费者的“痛点”。深谙消费者心理的杜国楹再一次抓准了用户的心理，有计划地通过纸媒大规模投放广告。当铺天盖地的报纸广告在全国各大城市出现的时候，自信的孩子、自豪的家长顺理成章地成了好记星最好的代言人，一波跟风式的抢购热潮被掀起。而那些迟迟没有买下好记星的家庭则有很大一部分陷入了集体焦虑。这种风潮一直到好记星“或涉嫌虚假宣传”的新闻出现后才暂时冷却了下来。

在无法公开 IP 地址的纸媒上，有细心的消费者发现，很多现身说法的案例中的用户信息不得不让人质疑，一模一样的用户使用心得和一模一样的消费者姓名被刊登在不同城市的报纸上。与此同时，这些用户的所在地也随之发生改变——有的一会儿是北京人，一会儿是上海人，这让消费者开始对好记星是否好用的真实性感到疑虑。人们开始意识到，或许，这款学习机的确有辅助记忆的作用，但远没有报纸上说得那么神奇。不过，此时的好记星早已完成了近 20 亿元的销售额。

某著名财经作家曾说过：“轰炸式广告营销理念以及对产品功能的任意扩大，长远而具有腐蚀性地影响了中国商业界。也就是从此以后，肆无忌惮、极端蔑视消费者智商的广告理念大行其道。”杜国楹的营销理念屡遭质疑也是出于同样的原因。然而，当这个已经在营销、创业界颇有知名度的企业家再度推出新产品时，消费者还是不能保持冷静。

尽管目标用户极其明确的 E 人 E 本刚刚上市就和 iPad 狭路相逢，其墨水屏原笔迹手写功能依然让很多商务人士为之心动。随后的 8848 更是以特殊用料的噱头让为其埋单的消费群体赚足了面子。在这一时期，有人开始称杜国楹的产品为“面子消费”。不过真正的“面子消费”，其实是他的第五次创业——小罐茶。

根据小罐茶的售价和产量，有消费者曾经做了一次著名的换算，进而产生了“天价小罐茶”和“八位大师累不累”这样的质疑。尽管杜国楹一再强调小罐茶是为了让中国茶以新姿态走向世界，是为了做茶行业的标准化生产，让消费者摆脱消费时的困惑，但不得不说，小罐茶的售价的确让很多茶客望而却步。而关于八位大师制茶的质疑，也让小罐茶和杜国楹再次陷入了舆情危机。

不难看出，杜国楹所有的产品几乎都是伴随着“80后”的身份更新而不断更迭，这也是有人说他专收“80后”智商税的根本原因。20世纪90年代中晚期，“80后”正是上学读书的年纪，背背佳的出现成为一代人“挺胸坐直”的记忆。好记星则出现在“80后”群体面临升学的关键时期，单词记忆法的推出给很多初次接触英语的学生送去了福音。随后，E人E本开始瞄准了政商人士，尽管当时杜国楹一再强调，这一次，他的用户群体已经发生了转变，但是“80后”也开始走入职场，无论是E人E本还是8848，只要他们有对等的需求，或者是杜国楹产品的忠实用户，这两个品牌的出现也依然符合“80后”群体的使用场景。小罐茶创立后，人们又开始调侃，“80后”的成功人士已经到了在自己的办公室里请客人喝小罐茶的年纪了。于是，“‘80后’智商税收割大师”的名号自然而然地落在了杜国楹的头上。

## “大忽悠”or“营销鬼才”？

关于杜国楹到底是个“大忽悠”还是“营销鬼才”的争议，早在2001年就有了。那一年，杜国楹的口碑首次遭遇质疑，背背佳的破产使他迎来了人生中第一个至暗时刻，这个从河南农村走出来的毛头小子以短短几年的时间迅速成为亿万富翁，又戏剧般地跌落神坛，那些跟着他一起销售背背佳，希望自己也能盆满钵满的经销商忽然就坐不住了，开始纷纷质疑他到底是个“大忽悠”还是“营销鬼才”。

当时，背背佳备受质疑，为了扭转时局，杜国楹快速推出了背背佳内衣和保暖鞋，希望借助这两款产品翻身。没想到，这竟是把自己逼到死路的一个决定。曾经被视为营销奇才的他开始大肆宣传保暖鞋的神奇效果，然而，当这款号称可以持续保暖八小时的鞋子被销往东北以后，杜国楹绝望地发现，在零下三四十度的东北，这款鞋子的内置电池续航时间只有两小时，穿三天，线路就坏了。本就遭受质疑的杜国楹再次成为“大忽悠”。

后来，在接受采访时，他主动提到了那次记忆深刻的破产经历。当他给各地经销商打电话让对方把货物退回时，所有人都很惊讶，这些都是初次合作的人，都还没有建立信任关系，很多人都担心杜国楹跑路，上门讨债的更是什么样的人都有，有信任他容他宽限的，也有十分焦虑立刻要钱的。那段时间，杜国楹急得长了斑秃。

两年后，好记星的大获成功再一次让杜国楹走入大众视野，人们也再一次发现了他在营销方面与生俱来的天赋。报纸头版的大篇幅广告是他这一次使出的撒手锏。

但对于前两次创业的成功，杜国楹并不认为是因为自己有太过出众的营销才能，他认为，这里面其实是存在着一定的规律的："20世纪90年代都是渠道为王，谁能把货铺好、广告打好，就是最好的。娃哈哈是那个时代的代表，市场转型的时候它又成了最慢的。产品、消费群体、互联网、沟通语言都变了。每个巨头都是他那个时代最大的受益者，也是最后一个从那个时代里面走出来的，是这个规律。"[1]

杜国楹把这种成功归结为顺应商业的发展规律，而不是自己的营销才能。

可以说，杜国楹其实不算是"大忽悠"，也不是所谓的"营销鬼才"，某种程度上，他只是在大趋势里顺应着市场的发展方向把背背佳做到了极致，跌落以后又再一次顺应了电教产品的发展趋势，把好记星推上了行业的头把交椅。

诚如他所说，时代过去了，那个时代最大的受益者也该走出来了。于是，这个在品牌创立上缺乏持续性发展规划的创业家随着时代的变化开始了自己的第三次、第四次和第五次创业，并先后展现出对商业规律的精准把握，他真正的营销才能也贯穿在这几次创业的不同阶段。让人无奈的是，认为他是"大忽悠"的声音也始终贯穿在这几次创业经历中。

褒贬不一的人物评价让杜国楹成为商业界一个比较具有争议性的

[1] 引自李翔：《详谈杜国楹：营销最终是价值观问题》。

人物，把他视为“大忽悠”的人更倾向于把目光聚焦在每一次产品的大获成功上，比如背背佳的火遍全国，好记星南北试点创下的销售额新高，E人E本和8848的高价逻辑、奢华配置以及小罐茶的高端定位。人们认为，没有一张会忽悠的嘴，是没办法把这些其实也没有太多核心竞争力的产品卖出去的，并且还一次次地成为现象级产品。

与之对立的，视杜国楹为“营销鬼才”的人更倾向于把目光聚焦在宏观层面，从杜国楹的创业经历来看，将五次创业中每一次傲人的成绩暂且放在一边，单看切换赛道时从不“翻车”的经验就足以让人对他的经商头脑竖起大拇指了。

杜国楹的前四次创业都是速战速决的类型——迅速杀入一个行业，凭借自己对产品独到的理解以及消费者痛点的挖掘，顺利实现弯道超车，慢慢跻身行业老大，再迅速地进入下一个赛道。这是他真正传奇的地方。

作为一个外行，杜国楹是怎么实现在每一个陌生行业中迅速出圈的呢？有人认为是靠广告忽悠。与其他同类产品相比，杜国楹的每一个产品都在广告上更胜一筹，但是，从背背佳到小罐茶，每一次都没有摆脱“虚假宣传”的质疑，从产品功能到案例真实性，从电子签名合法性到手机外壳用料再到茶叶制作工艺，那些被杜国楹称为呕心沥血、苦思冥想的广告文案的确一次次抓住了目标用户的心，但也一次次被打脸，场面十分尴尬。就这样，“大忽悠”的质疑也跟随了他几十年。

对人性的高度了解以及对消费者心理的精准把握，使杜国楹一次次实现逆风翻盘，贴牌生产的低成本、快出货的运作方式也让他能快速跻身新的赛道，从一个没有专业团队、没有加工厂、没有行业背书的外行一步步打入行业市场，斩获销售冠军。

不过，两个本就不算矛盾的名号在杜国楹身上存在了十几二十年，如今想要说清楚到底哪个名号更能诠释杜国楹本人，恐怕依然没有定论。或许，他的创业经历已经注定让他成为一个备受关注的创业家了。

## 五次创业，他凭什么?

在中国商业界，有一类人被称为“连续创业人”，杜国楹就属于其中的一位，而每次都能以外行的身份开始一段品牌锻造史的，杜国楹则是最具代表性的一位，也是最能“折腾”的一位。

一次次成功的创业经验，让人们对这个沉迷创业的企业家产生了强烈的好奇心。有人不禁发问:“五次创业，杜国楹凭什么？”事实上，如果认真梳理杜国楹创业这些年经历过的事情以及他所采取的应对态度，答案或许就呼之欲出了。讲诚信、肯钻研、敏锐的直觉和韧性是他身上非常可贵的品质。

时至今日，谈到自己创业以来的最大财富，杜国楹依然认为十几年前的那次破产让他受益良多。当然，他后来的东山再起也着实让人感到意外，2001 年，几千万巨额债务压身的毛头小伙子能够再次翻盘，是几乎所有人都没有想到的结局。

2003 年年末，在北京的一家酒店里，当杜国楹隔着茶几眼含热泪地把 46 万元现金推到从哈尔滨远道而来的最后一位经销商面前的时候，他那 4600 万元的巨额债务终于彻底还完了。那天，杜国楹和这位最信任他、给了他最长宽限的合作伙伴大喝了一场。

谈到破产负债，无论是媒体还是杜国楹本人，聊得最多的其实都是他如何带着团队退到河南老家，在一间小房子里开始销售医疗器械一点点赚钱还债的故事，抑或负债累累的他如何发现了英语学习机这个商机，破釜沉舟，东山再起的故事。事实上，这次破产给杜国楹带来的财富远不是人们口中的传奇人生，或者逆势翻盘的赞誉，而是更多的关于做人与经商的感悟。

杜国楹曾经坦言：“我也想过把这个公司破产。但是再一想，以后我还要在这个市场上混，我怎么去面对这些人？想完这些之后，我说我自己作为一个个体，作为一个人，欠了人家钱，即使从法律上有办法逃，但是没办法面对身边这些人，我接受不了。但实际上，我的公司已经没有偿还能力了，律师的建议就是破产，把该卖的东西卖掉，按债权大小先后关系去还债，这是处理方式。但是我想我怎么能破产呢？我怎么去面对这些人呢？我以后在市场上还做吗？不可能的。肯定扛下来。我当时还说，如果 4000 多万元都还不起，那我的人生还有什么意义？”[1]

下定决心还钱后，杜国楹进入了漫长的赚小钱还大钱的阶段。他也曾想过，或许余生也就这样艰难了，但为了不辜负经销商们的信赖，也为了对得起自己的为人，他还是坚持了下来。

杜国楹的诚信和顽强的韧性让当时和他一起坚守阵地的同事们看到了希望，和这样的老板共事，大家是放心的。于是，当他在两年以后顺利还完了 4600 万元的债务的时候，团队里的大多数核心合作伙伴依然在他身边，也是这些人和他一起开创了好记星时代的传奇。

说到好记星，就不得不提精于钻研。在决心做好记星的时候，杜国楹对电子词典其实是一窍不通的，这个行业和矫姿带行业丝毫不沾边，他之前所积累的产品经验在这次创业中也派不上任何用场，然而

[1] 引自李翔：《详谈杜国楹：营销最终是价值观问题》。

这对他来说又是最关键的一次创业。

“我在郑州图书大厦买过电子词典，鼓捣一夜，把功能全部试完，拿螺丝刀把机器拆开，看看里面有什么东西。虽然不懂，但是我觉得好像也没有那么复杂。”谈到如何入门，杜国楹说得非常轻松。

或许是从小天资聪颖且乐于学习的缘故，从他开始创业起，他总能快速掌握一个陌生行业的产品密码，很多局外人会想当然地以为这些都是运气或者机缘。但事实上，在商界，或许有些成功的确源于偶然，但不会有一连串的偶然，当一个人频频创造出别人未曾创造过的佳绩时，运气或机缘绝对不是他获得成功的主要原因。对于杜国楹来说，他的成功有很大一部分来自他对产品的精于钻研。

和大多数创业者相比，杜国楹的确不是躬耕研发的那类企业家，但在进入一个行业之前，他会用自己的方式先对这个行业和自己要做的产品做一个全方位的了解。这种习惯也源于他的那次破产经历。他说：“在创业的问题上，第一个阶段0到0.1之间，这个小闭环一定要完成，我们有钱的时候只是花更多的钱去验证，但是这个0到0.1的闭环不做完，你是不敢往前走的。这是破产给我的最大教训。0到0.1阶段，它的风险是有限的，是可成熟的，但是如果不加验证，上来就直接大规模地往里面投放，这是无法承受的，多大的企业这么做都会有问题。”[1]

除了诚信和精于钻研，以及人们熟悉的营销之道以外，杜国楹的另一个法宝是直觉。在杜国楹看来，直觉是日积月累的科学。作为一个乐于创业的人，杜国楹在生活中是一个有心的人，用户的审美和需求是他日常关注的话题，因此，这种直觉不是一朝一夕的，而是日积

[1] 引自李翔：《详谈杜国楹：营销最终是价值观问题》。

月累的准确和敏锐。杜国楹在创业层面的实事求是使他对直觉的价值判断非常客观。他认为，有价值的直觉必须来源于长时间的对品类、技术、行业、用户、使用场景以及用户心理等方方面面的观察；反之，则毫无用处。

“我早年做好记星的时候，我们做市场的同事搞用户调研，一年搞几十场，场场我全程在，最后产品做好了吗？做出什么革命性的东西了吗？没有。”谈到没有价值的直觉，杜国楹对自己的失败毫不留情。

所以，如果一定要说一个人凭什么五次创业都获得了瞩目的成绩，那么，杜国楹的这些品质其实也算是其中一种答案。

## 产品是道，营销是术

2004 年，还在经营好记星的杜国楹在自己的笔记本上写下了一句话——产品是道，营销是术。从 2004 年开始，杜国楹开始重新看待产品和营销之间的关系，面对外界的评价和质疑，他从未正面回应过。但行业内却始终流传着他的那句“产品是道，营销是术”，以及“产品是 1，营销是 0”的感悟。

客观来说，杜国楹并不喜欢“会销”[1]模式，但 2001 年破产以后，为了还债，他还是迫不得已地带着团队这样做了。当时，杜国楹正在从事的医疗保健行业就常常使用这种会销模式，而且效果不错。但在后来的采访中，杜国楹坦言，他不喜欢这种模式。

在他十几年的创业经历中，很多人以为广告营销是杜国楹最常用的方法。从背背佳到小罐茶，洗脑式的轮播广告给无数消费者留下了深刻的印象，销量也一路飙升。2018 年，当小罐茶完成了 20 个亿的销售额，成功超过了 2102 家 A 股上市公司的时候，杜国楹再一次被人们冠上了“营销鬼才”的称号，也有人认为杜国楹是国内最杰出的“产品经理”。那是他开始创业的第十一年。

---

[1] 会销指的是一种产品销售模式，是通过产品说明会和现场提供服务的方式来销售产品。

杜国楹有时候会外出讲课，授课对象主要是一些对创业感兴趣的人。在这些演讲活动中，他曾多次提到自己对产品和营销的看法再界定，杜国楹认为，“产品是 1，营销是 0”在多年的创业经历中已经成了自己的一个基本准则。现在的年轻创业者经常有一种错误的认知，认为有好的营销技术就可以，但在这个老创业人看来，如果从认知上没有解决产品和营销之间的关系，就无法避免像自己当初那样走弯路，甚至是十分危险的。

杜国楹曾说过，每个时代都有属于那个时代的巨头，现在也一样，在市场环境越发饱和的新商业文明里，创业的机会虽然越来越多，但产品为王的时代已经来临了。

年轻时候的创业经历让杜国楹明白，好的产品才是一个企业的命脉，营销不过是一种手段，是为产品服务的手段。这种感悟在小罐茶时期可能更加深刻。回首自己的前四次创业，无论是背背佳还是好记星，都在功能上略有欠缺，消费者对这两款产品的热情源于应试教育给家长带来的焦虑和不理智。实际上，产品功能依然有巨大的可提升空间。在这种情况下，过于成功的营销反而会让人们对产品本身寄予过高期待，从而在使用过程中产生心理落差。

与同行业竞品相比，E 人 E 本和 8848 的核心功能依然不占优势，也就是说，这两款产品依然是营销上的胜利，尽管杜国楹一再强调，从背背佳时期自己就致力于做出好的产品而非好的营销。

到了小罐茶时期，人们开始看到杜国楹真正的转变，按照以往的创业习惯，在了解了茶行业的基本规律以后，杜国楹就可以开始进入产品研发和上市营销阶段了，然而这一次，他用了整整四年的时间去做产品调研，这四年，公司是没有盈利的。这已经不是杜国楹从前的风格和节奏了。

他说：“我就是要把行业的问题看清楚，把用户的痛点看清楚，把产品创新的点找到，然后把产品打磨清楚，我们才能出发，也才能在营销上找方法。整个逻辑就是需求先行，产品打磨，然后才是营销。”[1]

在小罐茶正式上市以后，注重营销的标签还是又贴了回来，“小罐茶，大师作”的广告曾在2019年掀起了一阵舆情危机，尽管杜国楹表示，舆情危机对小罐茶的销量没有影响，但在认知层面，人们还是看到了更多营销的意味，而这种认知是很难被改变的。

或许人们过于把目光聚焦在营销层面，直到今天，在各大媒体网站上，提到杜国楹总是摆脱不掉营销、忽悠、数次创业这样的刻板印象，事实上，在杜国楹的商业兵法里，“产品倒做”的思路也是他成功的关键。

正是因为自己的外行身份，杜国楹才别出心裁地采用了“产品倒做”的方式，从用户的需求出发，提出问题，解决问题，这是他建立品牌时的核心思路，在解决问题的过程中，把产品作为道，营销作为术，才是让一个品牌健康发展的前提。

就目前的情况来看，小罐茶在产品上市初期就赢得了一片关注和好评，但这多是因为家国情怀，作为中国的特产，茶对中国人来说有着不一样的符号意义，回归到产品层面，小罐茶需要做的还有很多。

在小罐茶的广告还在央视轮播的时候，杜国楹依然在面临着外界的质疑，当时，小罐茶已经有了黄山超级工厂，致力于做好中国茶以及茶行业的标准化。为此，他终于忍不住发声。当时很多人给杜国楹贴标签，认为小罐茶之所以能迅速走红，完全是因为杜国楹营销有道，这种说法让杜国楹无法忍受，他认为有这种认知的人完全误解了小罐

[1] 引自李翔：《详谈杜国楹：营销最终是价值观问题》。

茶想要改变中国茶业发展现状的决心。因为如果小罐茶只是一款靠营销就能走红的产品，那么黄山超级工厂的建设就是没有必要的了，工厂建成后也更不需要去整合任何一家茶园。

关于产品才是核心竞争力的看法，杜国楹已经强调了很多年，但消费者似乎依然习惯于把目光聚焦在他的营销战术上。2021 年 8 月 23 日，杜国楹首次出现在小罐茶的直播间里，很多人认为这是杜国楹想要收割一波有情怀的“韭菜”的开始，又是一次营销操盘。在这场直播开始之前，小罐茶的官方视频账号曾发布了一条由杜国楹本人分饰两角的短视频，并预告自己将在 8 月 23 日出现在小罐茶的直播间，在视频末尾，他笑着对镜头说：“小罐茶官方直播间，我来了，你们准备好了吗？”

那一天，杜国楹依然身穿白色 T 恤、黑色衬衫，戴着人们熟悉的黑框眼镜，在那场直播中，他和年轻的乒乓球奥运冠军一起为粉丝们送福利，这也是消费者第一次通过这种形式和这位神奇的创业者互动。

根据数据显示，在这场直播之前，小罐茶的稳定消费群体和传统茶叶的消费群体已经存在巨大的差异，其中，19—35 岁的人群占据了整个消费群的 70%，性别分布也十分均匀，这表明，致力于“把中国孩子从西方咖啡怀里抱回来”的杜国楹取得了成功，他的确让小罐茶成了“现代派的中国茶”，也精准对标了年轻人的消费诉求，成了颇受年轻人喜爱的茶饮品。

在这次直播间里，人们看到了一个不作秀的创业者。在直播中，杜国楹首次直面消费者的质疑，对直播间的提问进行了正面的解答。有网友在直播间表示对小罐茶未来方向的好奇，杜国楹在回答中再次提到了初心：“做一杯有标准的中国茶，是我们的初心，也是未来的方向。”

这样的杜国楹与年轻时候的杜国楹，已经有了很大的不同，诚如他自己所说，这十几年的创业经历让他自己也在经历着不断的迭代。在之前的采访中，杜国楹曾表示，20 岁之前的自己更多的是在努力地活出爸妈希望的样子。后来的很多努力则更是想证明给别人看。但是过了不惑之年的杜国楹忽然觉得，人要为自己活着，这样的转变让他开始坚定不移地去做自己真正想做的事，并遵照自己的内心去做。

如今，杜国楹快 50 岁了，茶成了他余生想要专注的唯一事业，他甚至觉得自己之前的几次创业都是在为这一次创业做铺垫、做准备，如果前四次创业是 1.0 版本，那么小罐茶才是真正进入了 2.0 阶段。

在小罐茶年会上，杜国楹也表示了对这个行业的热爱和专注，他已经从“快速取胜”的习惯中进入了一个“长期发展阶段”，他说：“坚守长期主义，用长期的确定性对抗外界的不确定性。接下来的 20 年，我会去践行价值观主义，也会和小罐茶一起走过从 1 到 0、从 10 到 100 的路。”[1]

---

[1] 引自李翔：《详谈杜国楹：营销最终是价值观问题》。

# 附 录

## 名言录

◎“产品永远是1，营销永远是0。没有好的产品，营销策略再高明也没有用。”

◎“脸面这些东西，做销售的时候都要豁得出去。”

◎“我用了几年的时间坐了一个大过山车，上去、下来，貌似在那个时代上得很高，但是下也下到了海底，败得足够彻底。”

◎“在别人眼里，这些是我一次次创业的成功，在我自己心里，这是一次次梦想的破灭。没有人生下一个孩子是为了卖孩子，每个项目都是我的孩子。最后没办法，因为各种各样的原因，我们做出卖的选择。”

◎“我认为小即是大，把小众的客户做好同样会有大回报。”

◎“中国用户，尤其是高端商政用户，对笔的使用习惯是很顽固的，同时，对计算机信息处理的需求也很强烈。但是这群人打字输入很慢。因此，需要有一款产品为他们解决好信息输入、分享和交流的问题。”

◎“在中国，我们的目标适用人群为四千万人，我们未来预期占领大概五百万。”

◎“当 iPhone 也成为街机的时候，市场需要更好的东西。”

◎“如果让我再创造一个品牌，然后卖掉，我真的已经没有兴趣了。我对以前的创业模式感到厌倦，决心寻找一个用后半生去做的事业。

主观上，我已经做出了这样的准备；客观上，我要做一项重资产的事，倒逼自己，把所有的后路堵死。我必须换一种活法，我想看到自己在一个行业待 20 年、30 年后的结果。对我来说，这也是一次涅槃。”

◎“科技是美国的，奢侈品是欧洲的，而茶是中国的。”

◎“我非常坚定地相信这一点。一个传统的低效的渠道模式终究会被迭代掉，只是需要时间而已。”

◎“走向世界的应当是品牌，而不只是产品。”

◎“茶是蕴含千年华夏历史的中国符号，我们要用新的理念、新的产品形态、新的标准、新的技术以及新的生态，成为第一个走向世界的新中国茶。”

◎“品牌应该用自己的能力告诉消费者真相。”

◎“比如没有苹果，没有诺基亚，哪有富士康？肯德基、麦当劳来中国，一定有大的养鸡场出来。蒙牛、伊利起来，一定有大的养牛场出来。”

◎“创业是爱好、是激情，也是一种生活方式，更是一门科学。”

◎“一个受到了持续正激励的人在产品创新的道路上是不会停止的。”

◎“需求就在哪儿，问题就在哪儿，我觉得一定能找到解决方案。”

◎“如果一直用得失观来做决定，你永远无法成就真正伟大的公司。本质上，我们做企业，不是赚钱，而是赢取人心。”

◎“我认为，企业家是一个极其特殊的物种，因为他永远保持饥饿感和强大的使命感。现在的饥饿感是成就感的饥饿，它是你前进的巨大动力，这种动力一点都不比原始的动力差。生意人可以没有使命感，但真正的企业家一定要有使命感。”

◎“做企业不是赚钱，而是赚取人心”。

◎“每个巨头都是他那个时代最大的受益者，也是最后一个从那个时代里面走出来的。”

◎“坚守长期主义，用长期的确定性对抗外界的不确定性。接下来20年，我会去践行价值观主义，也会和小罐茶一起走过从1到0、从10到100的路。”

# 大事记

1973 年　杜国楹出生于河南省周口市西华县。

1992 年　从师范院校毕业，在当地一所学校任教。

1994 年　辞去教职工作，到郑州一家销售公司接受员工培训。

1994 年　到天津做销售。

1995 年　凭借电台广告和电话营销的方式，成功为公司创下了月销售额百万余元的业绩。

1996 年　8 月 26 日与毛相国签署经销协议，顺利成为天津地区英姿带的独家总代理。

1996 年　年底从天津的公司辞职，自主创业。

1997 年　4 月杜国楹以 5000 元人民币将天津大学应用物理系教师袁斌的专利权买下。

1997 年　6 月杜国楹在天津注册成立了天津一品科技公司，很快便推出了矫姿带新品牌背背佳。

1997 年　6 月背背佳正式获得外观设计专利权。

1997 年　10 月背背佳正式投入生产。

1998 年　1 月河南英姿实业公司将天津一品公司告上法庭，起诉背背佳侵犯英姿带专利权。

2001 年　杜国楹破产。

2003 年　创办好记星学习机。

2005 年　好记星销售额突破 25 个亿，市场占有率高达 18.6%，同年，电视营销霸主橡果国际正式并购好记星和背背佳两大品牌。

2010 年　1 月 7 日 E 人 E 本电子记事本正式发布。

2013 年　1 月 E 人 E 本被清华同方以 14 亿元并购。

2014 年　12 月 29 日北京小罐茶业有限公司的营业执照获得审批。

2015 年　杜国楹携手周佳等人创立了新的手机品牌 8848。

2022 年　3 月 26 日小罐茶正式对外宣布占地 321 亩的黄山超级工厂建成并投入使用。

# 参考文献

1. 和阳 . 一条名叫 E 本的鱼——杜国楹，蒋宇飞把他们创立四年能壹人壹本公司卖给清华同方 14.5 亿元 [J]. 创业家，2013(5):10.

2. 李翔 . 详谈杜国楹：营销最终是价值观问题 [M]. 新星出版社，2022.

3. 佚名 . 中国统计年鉴 [M]. 中国统计出版社，1986.

4. 赵炳煜，王守明 . 英姿老板和他的英姿实业 [J]. 决策探索，2000(09):42-43.

5. 刘建鸣，徐瑞青，刘志忠 . 1997 年全国电视观众调查分析报告 ( 摘要 )[J]. 电视研究，1998(11):8.

6. 姚中福 . 谁将会为这顿“午餐”买单？——“英姿带”状告“背背佳”侵权案的前前后后 [J]. 文明与宣传，2000(02):15-17.

7. 泽敏 . 背背佳：自封的矫姿专家 纠正驼背没根据 [J]. 商品与质量，2006(45):1.

8. 吴劭年 . 对电子教育产品 (ELP) 厂商大陆市场营销策略的研究 [D]. 复旦大学 ,2010.

9. 潦寒 . 好记星，中国人的英语立场 [J]. 销售与市场，2009.

10. 章勇 . 新锐 E 人 E 本超越平板电脑的中国式“图谋”[J]. 中国科技财富 ,2010, 15(No.110):20-23.

11. 陈晓平 .8848 手机的高价逻辑 [J]. 21 世纪商业评论，2016.

12. 宋学宝，曹珊珊．小罐茶：传统茶行业的变革者 [J]. 清华管理评论，2019(5):10.

13. 高水练 . 中国茶业不要立顿模式 [J]. 茶叶科学技术，2011(4):6.

14. 宋建平，宋明冬 . 从小罐茶寻茶之旅电视广告看微纪录片与广告的融合 [J]. 福建茶叶 ,2021.

# 后 记

2021 年年末，在小罐茶第一支寻茶队伍进山快 10 年的时候，这本关于其品牌创始人杜国楹的传记也正式进入了写作阶段。作为国内知名的连环创业家，杜国楹本人已有二十几年的创业经验，并以其数次跨界打造爆品的成功案例成了人们口中的“营销泰斗级人物”，亦是创业者们学习的前辈。

本书以杜国楹的个人成长经历以及连续切换赛道、打造行业爆品的故事为主线，在对其每一段创业经历进行记述的同时，也对他惊人的商业敏锐力和出色的营销才能进行了回顾。

在杜国楹二十几年的创业历程中，从背背佳、好记星、E人E本、8848 到小罐茶，他所打造的每一款产品都堪称“国民品牌”，也因此成了“定位理论”在国内实战运用方面较为成功的代表型人物。作为国内颇具争议的创业家、企业家，其个性中的韧劲、灵活的头脑、强大的学习能力和与生俱来的对商机的敏锐感知，是他的撒手锏，行动力也是这个跨界创业者最大的优势之一。但几次创业中所留下的争议也让他的人物评价逐渐发生了改变，几个成功案例过后，关于杜国楹是不是大忽悠的争论便一直存在，至今，人们对他的评价仍然毁誉参半。

本书对杜国楹的评价较少，记述较多。在二十余年的起落沉浮中，他经历过涅槃和重生，有过失败和成功的案例，有过令行业对手黯然失色而自家品牌一枝独秀的光辉战绩，也有过被人称为“智商税产品”甚至当成笑柄的失败案例。人们常说“一千个读者就有一千个哈姆莱特”，回到这本传记上，在如此充满传奇色彩的案例和客观记述中，也有一个最为多面、鲜活的杜国楹。每一个读者都有自己的判断和评价。

如今，杜国楹仍然坚守着自己的承诺，专注中国茶叶领域。至于这个首次坚持长期主义的创业人将继续书写怎样的品牌故事，只有时间能给出答案。

最后，衷心感谢在写作过程中给予指导和鼓励的编辑同事，在资料的查找和数据的引证方面，都给予了大力的支持。

本书仍有许多不足之处，如书中所引数据或其他资料有偏差或错漏，衷心期望广大读者给予批评、指正。

# 中国著名企业家传记丛书 *

| 序号 | 书名 | 书号（ISBN） | 定价 | 出版社 |
|---|---|---|---|---|
| 1 | 雷军传 | 978-7-5126-7375-5 | 49.00 | 团结出版社 |
| 2 | 李嘉诚传 | 978-7-5126-7376-2 | 49.00 | 团结出版社 |
| 3 | 马云传 | 978-7-5126-7320-5 | 49.00 | 团结出版社 |
| 4 | 马云思维 | 978-7-5126-7319-9 | 49.00 | 团结出版社 |
| 5 | 彭蕾传 | 978-7-5126-7318-2 | 49.00 | 团结出版社 |
| 6 | 任正非传 | 978-7-5126-7377-9 | 49.00 | 团结出版社 |
| 7 | 董明珠传 | 978-7-5126-7374-8 | 49.00 | 团结出版社 |
| 8 | 阿里娘子军 | 978-7-5126-8293-1 | 59.00 | 团结出版社 |
| 9 | 周鸿祎传 | 978-7-5126-8290-0 | 59.00 | 团结出版社 |
| 10 | 王兴传 | ISBN 9787512682924 | 59.00 | 团结出版社 |
| 11 | 段永平传 | 978-7-5126-8289-4 | 59.00 | 团结出版社 |
| 12 | 任正非思维 | 978-7-5126-8291-7 | 59.00 | 团结出版社 |
| 13 | 张勇传 | 978-7-5126-9066-0 | 59.00 | 团结出版社 |
| 14 | 王卫传 | 978-7-5126-9065-3 | 59.00 | 团结出版社 |
| 15 | 以慢制胜：钟睒睒的长期主义经营哲学 | 978-7-5454-8391-8 | 59.00 | 广东经济出版社 |
| 16 | 大力出奇迹：张一鸣的创业心路与算法思维 | 978-7-5454-8395-6 | 59.00 | 广东经济出版社 |
| 17 | 小罐茶杜国楹 | 978-7-5126-9822-2 | 59.00 | 团结出版社 |

* 丛书陆续出版中，敬请期待！

# 世界著名企业家传记丛书 *

| 序号 | 书名 | 书号（ISBN） | 定价 | 出版社 |
|---|---|---|---|---|
| 1 | 摩根传 | 978-7-5126-8694-6 | 59.00 | 团结出版社 |
| 2 | 埃隆·马斯克传 | 978-7-5126-8693-9 | 59.00 | 团结出版社 |
| 3 | 彼得·彼得森传 | 978-7-5126-8695-3 | 59.00 | 团结出版社 |

* 丛书陆续出版中，敬请期待！